『十三五』国家重点出版物出版规划项目

『文化创意+』传统产业融合发展研究系列丛书 第一辑

彦 主编

# "文化创意+"会展业融合发展

赵富森 著

全国百佳图书出版单位
知识产权出版社

**图书在版编目（CIP）数据**

“文化创意+”会展业融合发展 / 赵富森著. -- 北京：知识产权出版社，2019.6

（“文化创意+”传统产业融合发展研究系列丛书 / 牛宏宝，耿秀彦主编. 第一辑）

ISBN 978-7-5130-6249-7

Ⅰ. ①文… Ⅱ. ①赵… Ⅲ. ①展览会—产业发展—研究—中国 Ⅳ. ①G245

中国版本图书馆CIP数据核字（2019）第084734号

**内容提要**

会展业具有产业链长、投入产出比高、低碳的特征，是构建现代市场体系和开放型经济体系的重要平台，在我国经济社会发展中的作用日益凸显。本书基于文化创意产业的视角，全面阐述了文化创意产业和会展业的相关概念和基本理论，介绍了我国会展业发展的历程，列举了我国会展业发展中的几个成功案例，并与国外会展业和文化创意产业的发展现状进行了对比，提出了文化创意产业与会展业融合发展理论、文化创意产业与会展业融合发展的必然性和原则，更对当前文化创意产业发展面临的理论实践问题提出了前瞻性学术思考。

**责任编辑**：李石华　　**责任印制**：刘译文

“文化创意+”传统产业融合发展研究系列丛书（第一辑）

牛宏宝　耿秀彦　主编

# “文化创意+”会展业融合发展

“WENHUA CHUANGYI+” HUIZHANYE RONGHE FAZHAN

赵富森　著

**出版发行**：知识产权出版社有限责任公司　**网　址**：http：//www.ipph.cn
http：//www.laichushu.com
**电　话**：010—82004826
**社　址**：北京市海淀区气象路50号院　**邮　编**：100081
**责编电话**：010–82000860转8072　**责编邮箱**：lishihua@cnipr.com
**发行电话**：010–82000860转8101　**发行传真**：010–82000893
**印　刷**：三河市国英印务有限公司　**经　销**：各大网上书店、新华书店及相关书店
**开　本**：720mm×1000mm　1/16　**印　张**：12.5
**版　次**：2019年6月第1版　**印　次**：2019年6月第1次印刷
**字　数**：240千字　**定　价**：49.00元

ISBN 978-7-5130-6249-7

# 序言

未来的竞争，不仅仅是文化、科技和自主创新能力的竞争，更将是哲学意识和审美能力的竞争。文化创意产业作为“美学经济”，作为国家经济环节中的重要一环，其未来走势备受关注。

党的十八大提出“美丽中国”建设。党的十九大报告提出“推动新型工业化、信息化、城镇化、农业现代化同步发展”“推动中华优秀传统文化创造性转化、创新性发展”“不忘本来、吸收外来、面向未来，更好构筑中国精神、中国价值、中国力量，为人民提供精神指引”。毋庸置疑，未来，提高“国家内涵与颜值”，文化创意产业责无旁贷。

2014年1月22日，国务院总理李克强主持召开国务院常务会议部署推进文化创意和设计服务与相关产业融合发展。会议指出，文化创意和设计服务具有高知识性、高增值性和低消耗、低污染等特征。依靠创新，推进文化创意和设计服务等新型、高端服务业发展，促进与相关产业深度融合，是调整经济结构的重要内容，有利于改善产品和服务品质、满足群众多样化需求，也可以催生新业态、带动就业、推动产业转型升级。之后，“跨界”“融合”就成了我国国民经济发展，推动传统产业转型升级的热词。但是，如何使文化更好地发挥引擎作用？文化如何才能够跨领域、跨行业地同生产、生活、生态有机衔接？如何才能引领第一产业、第二产业、第三产业转型升级？这些都成了我国经济结构调整关键期的重要且迫在眉睫的研究课题。

开展"'文化创意 +'传统产业融合发展研究"，首先要以大文化观、大产业观梳理出我国十几年来文化创意产业发展中存在的问题，再以问题为导向，找到问题的症结，给出解决问题的思路和办法。

我国发展文化创意产业至今已有十几个年头，十几年来，文化创意产业的发展虽然取得了非常显著的成就，但也存在一些发展中的困难和前进中的问题，制约了文化创意产业的更大、更好发展。习近平总书记的"美丽中国""文化自信""核心价值观"以及"培育新型文化业态和文化消费模式"的提出，无不体现党和国家对文化、文化产业以及文化创意产业的高度重视。2017 年 8 月，北京市提出"把北京打造成全国文化创意产业引领区，打造成全国公共文化服务体系示范区"的发展思路，建设全国文化中心。这可以说再一次隆重地拉开了文化创意产业大发展的序幕，同时也为全国的城市发展和产业转型升级释放出发展的信号，指明了一个清晰的发展方向——建设文化引领下的城市与发展文化引领下的产业。

现在，到了认真回顾发展历程与展望未来的一个重要时间节点。当前，我们应该沉下心来，冷静地思考，回顾过去、展望未来。回顾过去是为了总结经验，发现不足，梳理思路，少走弯路，找出问题的症结；展望未来会使我们更有信心。回顾过去的十几年，大致可分为五个阶段。

第一阶段：798 阶段。自 2002 年 2 月，美国罗伯特租下了 798 的 120 平方米的回民食堂，改造成前店后公司的模样。罗伯特是做中国艺术网站的，一些经常与他交往的人也先后看中了这里宽敞的空间和低廉的租金，纷纷租下一些厂房作为工作室或展示空间，798 艺术家群体的"雪球"就这样滚了起来。由于部分厂房属于典型的现代主义包豪斯风格，整个厂区规划有序，建筑风格独特，吸引了许多艺术家前来工作、定居，慢慢形成了今天的 798 艺术区。2007 年，随着党的十七大"文化大发展、大繁荣"战略目标的提出，全国各地的文化创意产业项目开始跃跃欲试，纷纷上马。

在这个阶段，人们一旦提起文化创意产业就会想起 798 艺术区；提起什么才是好的文化创意产业项目，人们也会认为 798 艺术区是个很好的范例。于是，全国各地负责文化产业的党政干部、企事业相关人员纷纷组成考察团到 798 艺术区参观、学习、考察，一一效仿，纷纷利用闲置的厂区、空置的车间、仓库引进艺术家，开始发展各自的文化创意产业。然而，几年下来，很多省市的"类 798 艺术区"不但产业发展效果不明显，有的甚至连艺术家也没有了。总之，大同小异，存活下来的很少。总体来说，这个阶段的优点是工业遗存得到了保护；缺点是盈利模式单一，产业发展效果不尽人意。

第二阶段：动漫游戏阶段。这个阶段涵盖时间最长，基本上可以涵盖2005—2013年，覆盖面最广，范围最大，造成一些负面影响。在这个阶段，文化创意产业领域又出现了一种普遍现象，人们一旦提起文化创意产业就一定会提到动漫游戏；一旦问到如何才能很好地发展文化创意产业，大多数人都认为打造文化创意产业项目就是打造动漫产业项目。于是，全国各省市纷纷举办“国际动漫节”，争先恐后建设动漫产业园，好像谁不建动漫产业园谁就不懂得发展文化创意产业，谁不建动漫产业园谁就跟不上时代的步伐。建设动漫产业园之势可谓是浩浩荡荡、势不可当。浙江建，江苏也建；河北建，河南也建；广东建，广西也建；山东建，山西也建。一时间，全国各省市恨不得都做同样的事，也就是人们都在做同样的生意，因此形成了严重的同质化竞争。几年下来，全国建了一批又一批动漫产业园，大多数动漫产业园基本上又是一个模式、大同小异：很多房地产开发商纷纷打着文化的牌子，利用国家政策，借助政策的支持，跑马圈地。其结果是不但动漫产业没发展起来，甚至是连个像样的产品都没有，结果导致很多动漫产业园又成了一个个空城。归纳一下，这个阶段的优点是游戏得到了很好的发展，尤其是网络游戏;缺点是动漫产业发展不尽人意，动漫产业园更是现状惨淡，可谓是一塌糊涂。

第三阶段：文艺演出、影视阶段。随着文化创意产业发展的不断深入，我国文化创意产业又开始进入文艺演出热阶段，在这个阶段一旦提起文化创意产业，人们又开始认为是文艺演出、文艺节目下乡、文艺演出出国、文艺演出走出去等，可谓是你方唱罢我登场，热闹非凡。在这个阶段，人们都又开始把目光投到文艺演出上，具体表现在传统旅游景点都要搞一台大型的文艺演出、各省市借助传统民俗节庆名义大搞文艺演出活动，甚至不惜巨资。2010年1月，随着国务院《国务院办公厅关于促进电影产业繁荣发展的指导意见》的出台，我国又开始掀起电影电视产业发展新高潮。有一项调查表明：2009年、2010年、2011年连续三年每年都拍1000多部影视剧，但是20%盈利、30%持平、50%赔钱，这还不包括那些没有被批准上映的影视剧。在全国各省市轰轰烈烈开拍各种各样题材的影视片的同时，一些对国家政策较为敏感的企业，尤其是房地产企业，也把目标瞄向了影视产业，开始建立影视产业园，于是影视产业园如雨后春笋般地出现在全国各省市。其形式同动漫产业园基本类同，不外乎利用政策的支持，变相跑马圈地。

这个阶段的优点是文艺演出、影视得到了相应的发展；缺点是大多数影视产业园名不副实。

第四阶段：无所适从阶段。2013 年，经过前几个阶段后，可以说是直接把文化创意产业推入了一个尴尬的境地，其结果是导致文化创意产业直接进入第四个阶段。可以说，几乎是全国各地各级管理部门、各企事业单位、甚至是整个市场都进入了一个无所适从阶段。在这个阶段，人们认为什么都是文化创意产业，什么都得跟文化、创意挂钩，恨不得每个人都想从文化创意产业支持政策中分得一杯羹。总之，在这个阶段，政府犹豫了，不知道该引进什么项目了；企业犹豫了，不知道该向哪个方向投资了；更多的人想参与到文化创意产业中来，又不知道什么是文化、什么是创意、什么是文化创意产业，真可谓是全国上下无所适从。

第五阶段：跨界·融合阶段。2014 年 2 月 26 日，《国务院关于推进文化创意和设计服务与相关产业融合发展的若干意见》的发布，真正把我国文化创意产业引向了一个正确的发展方向，真正把我国文化创意产业发展引入了一个正确发展轨道——跨界·融合的发展之路。如何跨界、如何融合？跨界就是指让文化通过创造性的想法，跨领域、跨行业与人们的生产、生活、生态有机衔接。融合就是让文化创意同第一产业、第二产业、第三产业有机、有序、有效融合发展。可以这么说，2014 年是我国文化创意产业发展的一个新的里程碑，也是一个分水岭，对我国文化创意产业的良性发展产生了积极的促进作用。

回顾过去五个阶段，我们深深意识到，中国经济进入发展新阶段处在产业转型期，如何平稳转型落地、解决经济运行中的突出问题是改革的重点。现在，虽然经济从高速增长转为中高速增长，但是进入经济发展新常态，必须增加有效供给。文化产业、文化创意产业作为融合精神与物质、横跨实物与服务的新兴产业，推动供给侧结构性改革责无旁贷。

在经济新常态下，文化的产业化发展也进入了一个新常态，在产业发展新常态下，文化产业的发展也逐步趋于理性，文化、文化产业、文化创意产业的本质也逐渐清晰。随之而来的是文化产业的边界被逐渐打破，不再有局限，范围被逐渐升级和放大。因此，促使文化加快了跨领域、跨行业和第一产业、第二产业、第三产业有机、有序、有效融合发展的步伐。

在产业互联互通的背景下，文化创意产业并不局限于文化产业内部的跨界融合，而正在和农业、工业、科技、金融、数字内容产业、城乡规划、城市规划、建筑设计、国际贸易等传统行业跨界融合。文化资源的供应链、文化生产的价值链、文化服务的品牌链，推动了文化生产力的高速成长。

在产业大融合的背景下，文化创意产业以其强大的精神属性渐趋与其他产业融合，产业之间的跨界融合将能更好地满足人们日益增长的个性化需求。打通文化创意产业的上下游链条，提升企业市场化、产业化、集约化程度，是有效推动我国经济结构调整，产业结构转型升级的必然选择。

基于此，我们整合了来自于政府部门、高等院校、科研机构、领军行业等的相关领导、学者、专家在内的百余人的研究团队，就"'文化创意+'传统产业融合发展"进行了为期三年的调查研究和论证，形成了一个较为完善的研究框架。调研期间，我们组成26个课题组，以问题为导向，有的放矢地针对国内外各大传统产业及相关行业进行实地调研，深入了解"文化创意+"在传统产业发展中的定位、作用、重点发展领域以及相关项目。在调研成果基础上，我们从"农业""电力工业""旅游业""金融业""健康业""广告业""会展业""服饰业""动漫游戏""生态环境产业""产城融合""国际贸易"等26个角度，全方位剖析"文化创意+"与传统产业融合发展的路径与模式，力图厘清"文化创意+"与传统产业融合发展的当下与未来，找到我国经济结构调整、传统产业转型升级的重要突破口。

同时，在每个子课题内容上，从案例解析、专家对话与行业报告等多个层面进行叙述，研究根植于"文化创意+"传统产业融合发展的实践过程，研究结果也将反作用于"文化创意+"传统产业融合发展的实践，从提出问题入手，全面分析问题，对趋势进行研判。研究成果将能够为文化建设、文化产业转型升级、传统产业可持续发展的实际提供借鉴，最终探索出"文化创意+"与传统产业融合发展的现实路径。

截至今日，已完成系列丛书的第一辑，共12分册，即《"文化创意+"农业融合发展》《"文化创意+"电力工业融合发展》《"文化创意+"旅游业融合发展》《"文化创意+"健康业融合发展》《"文化创意+"金融业融合发展》《"文化创意+"服饰业融合发展》《"文化创意+"动漫游戏融合发展》《"文化创意+"广告业融合发展》《"文化创意+"会展业融合发展》《"文化创意+"产城融合发展》《"文化创意+"生态环境产业融合发展》《"文化创意+"国际贸易融合发展》。其余的课题，将会陆续完成。

本套丛书紧紧围绕如何服务于党和国家工作大局，如何使文化产生更高生产力，如何使文化发挥引擎作用，引领第一产业、第二产业、第三产业转型升级展开，以问题为导向，本着去繁就简的原则，从文化创意产业的本质问题和26个相关行业融合发展两方面展开。

第一方面以大文化观、大产业观深刻剖析文化创意产业的本质。2016年3月，此课题被列入"十三五"国家重点出版物出版规划项目后，我们即组织专家学者，重新对文化创意产业的本质问题就以下几个核心方面进行了系统梳理。

1. 文化创意产业的相关概念与定义

文化是人类社会历史发展过程中所创造的物质财富及精神财富的总和。是国家的符号，是民族的灵魂，是国家和民族的哲学思想，是城市与产业发展的引擎，更是供给侧的源头。

创意是指原创之意、首创之意。是智慧，是能量，是文化发展的放大器，是文化产业发展的灵魂，是传统产业转型升级的强心剂，更是新时代生产、生活、生态文明发展的核心生产力。

产业是指行业集群。是国家的支柱，是命脉，是人们赖以生存的根本，更是文化发展、国家经济结构调整的关键所在。

文化创意产业是把文化转化为更高生产力的行业集群。是文化产业与第一产业、第二产业、第三产业的整体升级和放大，是新时代最高级别的产业形态。

2. 我国发展文化创意产业的意义

文化创意产业项目的规模和水平，体现了一个国家的核心竞争力，我国发展文化创意产业，对于调整优化我国产业结构，提高我国经济运行质量；传承我国优质文化，弘扬民族先进文化；丰富人民群众文化生活，提升人民群众文化品位，增强广大民众的历史使命感与社会责任感；培育新型文化业态和文化消费模式，引领一种全新而美好的品质生活方式；提升国家整体形象，提升我国在国际上的话语权，增强我国综合竞争力，促进传统产业的转型升级与可持续发展都具有重大战略意义。

3. 我国发展文化创意产业的目的

我国发展文化创意产业的目的是使原有的文化产业更具智慧，更具内涵，更具魅力，更具生命力，更具国际竞争力，更能顺应时代发展需要；能够使文化发挥引擎作用，激活传统产业，引领其转型升级。

我国发展文化创意产业，从宏观上讲，是赶超世界先进发达国家水平，提升国家整体形象；从微观上讲，是缓解我国产业转型升级压力，弥补城市精神缺失，解决大城市病的问题；从主观上讲，是丰富人民群众文化生活，提升人民群众文化品位，使人民群众充分享受文化红利，缩小城乡居民待遇差距；从客观上讲，是全国人民自愿地接受新时代发展需要的产城融合，配合文化体制、城乡统筹一体化的改革。

总之，我国发展文化创意产业的最终目的是，把文化转化为更高生产力；把我国丰富、优质而正确的文化内容通过创造性的想法融入产品、产业发展的审美之中，融入人们的生产、生活、生态的审美之中，然后按照市场经济的规律，把它传播、植入、渗透到世界各地。

4. 文化创意产业的经济属性、原则和规律

文化创意产业，说到底还是经济行为，既然是经济行为，就应该有经济属性，文化创意产业的经济属性是美学经济，因为文化创意产业的所有板块均涉及如何将丰富的文化内容创造性地融入其产品的审美之中。

美学经济是文化创意产业发展的规律和原则，也就是说原有产业由于美之文化的介入，会增加内涵、提升魅力并形成正确而强大的精神指引，以此促使产业链的无限延伸与裂变。文化创意产业所指的美是需要设计者、创作者等能够充分了解美的一般规律和原则，并遵循这个规律和原则。既然是规律就要遵循、既然是原则就不可违背，所以说文化创意产品必须是美的，不但表现形式美，更要内容美，也就是说一个好的文化创意产品必须是从内到外都是美的，因为美就是生产力。

5. 文化创意的产品特点、产业特征、产业特性

产品特点：原创性，具有丰富、优质、正确、正能量的文化内涵，有一定的艺术欣赏价值和精神体验价值，低成本、高附加值，可以产生衍生品且其衍生品可大量复制、大规模生产，有一条完整的产业链。

产业特征:以文化为本源，以科技为后盾，以艺术体验为诉求，以市场为导向，以产业发展为出发点，以产业可持续发展为落脚点，以创意成果为核心价值，以美学经济为发展原则。对资源占用少，对环境污染小，对经济贡献大。

产业特性：以文化为价值链的基础，进行产业链的延伸与扩展，文化通过创意与相关产业融合使其产业链无限延伸并形成生物性裂变，从而使文化创意产业形成几何式增长。

第二方面了解文化创意与传统产业融合发展的方向、方式和方法。关于这方面内容，在各个分册中有详细阐述。

总之,我国文化创意产业的兴起,标志着生活艺术化、艺术生活化,产业文化化、文化产业化，产业城市化、城市产业化，文化城市化、城市文化化时期的到来；意味着文史哲应用化时期的开始；预示着一种全新而美好的品质消费时代的降临。基于此，在这样一个全新的历史时期，文化创意产业应如何发展？文化创意应如何引领传统产业转型升级？文化创意产业重点项目应如何打造？又如何把它合理规划并形成可持续发展产业？是我国经济发展的迫切需要；是直接关系到能否实现我国经济结构调整、传统产业转型升级并跨越式发展的需要；是我们如何顺应时代潮流，由"文化大国"向"文化强国"迈进的重大战略的需要；是我们有效践行"道路自信、理论自信、制度自信、文化自信"的需要。

在我国经济结构调整、传统产业转型升级的关键时期，要发展我国文化创意产业，就必须加快推进文化创意与传统优质产业融合发展的国际化进程，在生产方式和商业模式上与国际接轨；必须做到理论先行，尽快了解文化创意产业的本质，确立适合自身发展的商业模式；必须尽快提高文化创意产业项目的原创能力、管理水平、产业规模和国际竞争力，在国内与国际两个市场互动中，逐步向产业链上游迈进；在产业布局上，与国际、国内其他文化创意产业项目避免同质竞争，依托我国深厚而多元的文化优势、强大而充满活力的内需市场加之党和国家的高度重视、大力支持以及社会各界的积极参与。可以预见，一定会涌现出越来越多的属于我国自身的、优秀的独立品牌；必将会形成对我国经济结构调整、传统产业转型升级的巨大推动效应；必将会成为国际、国内一流的战略性新兴产业集聚效应的成功典范；也必将成为国际关注的焦点。

本套丛书的出版，将是新时代理论研究的一项破冰之举，是实现文化大发展、经济大融合、产业大联动、成果大共享的文化复兴的创新与实践。当然，一项伟大的工程还需要一个伟大的开端，更需要有一群敢为天下先的有志之士。纵观中国历史上的文化与产业复兴,没有先秦诸子百家争鸣,就没有两汉农业文明的灿烂;没有魏晋思想自由解放，就没有唐明经济的繁荣；没有宋明理学深刻思辨，就没有康乾盛世的生机盎然。基于此，才有了我们敢于破冰的勇气。

由于本人才疏学浅，其中不乏存在这样或那样的问题，还望各位同人多提宝贵意见和建议；希望能够得到更多有志之士的关注与支持；更希望"'文化创意+'

传统产业融合发展研究”这项研究成果，能够成为我国经济结构调整、产业结构转型升级最为实际的理论支撑与决策依据，能够成为行业较为实用的指导手册，为实现我国经济增长方式转变找到突破口。

最后，我谨代表“十三五”国家重点出版物出版规划项目“‘文化创意+’传统产业融合发展研究系列丛书”课题组全体成员、本套丛书的主编向支持这项工作的领导、同人以及丛书责任编辑的辛勤付出表示衷心感谢！由衷地感谢支持我们这项工作的每一位朋友。

是为序！

耿秀彦

2019年3月

# 前言

党的十九大报告提出支持传统产业优化升级，加快发展现代服务业。发展现代服务业，是我国当前深化供给侧结构性改革、推动产业振兴的重要抓手。会展业是现代服务业与现代制造业的最佳对接平台。随着“一带一路”政策的落实，会展行业进入了新的发展阶段，迎来了新的机遇和挑战。“互联网 +”成为时代背景，文化创意已经成为会展业发展不可或缺的组织形式和营销手段。当世界经济步入创意经济时代，“文化创意 +”会展业融合发展成为伴随消费需求升级发展起来的新型现代服务业的发展方式。

会展业具有产业链长、投入产出比高、低碳等特征，是现代服务业发展的引擎，是经济发展的增长点、产业结构调整的突破点、文化传播与国际经济合作的支撑点、城市功能提升的引爆点、构建现代市场体系和开放型经济体系的重要平台，在我国经济社会发展中的作用日益凸显。

伴随着我国不断融入经济全球化的进程加快，知识经济的发展和信息技术的普及已经成为当今社会发展的一大趋势，传统的产业结构演进规律已难以描述新经济发展的结构和特征。在这一背景下，文化创意产业作为新兴的产业类型进入社会经济中，随着文化创意产业的经济实践和理论研究的深入，创意不仅仅局限于内容产业和文化产业的高端，甚至延伸到其他相关产业，而会展业就是其中关联度较大、形式较新颖的产业之一。会展业作为服务贸易中重要的新产业，在促进贸易增长、技术交流、产业进步和经济发展中发挥着不可或缺的助推作用。尽管我国会展业起步较晚，但发展迅速，已经成为推动地区社会经济发展的重要支撑。探讨文化创意产业与会展业的融合发展已成为经济发展的现实需要，更是支撑未来经济发展新常态的重要引擎。

本书基于文化创意产业的视角，阐述了文化创意产业和会展业的相关概念与理论基础，介绍了我国会展业发展的历程，列举了会展业发展中的一些成功案例，并与国外会展业和文化创意产业的发展现状进行了对比，提出了文化创意产业与会展业融合的产业融合理论，指出文化创意产业与会展业融合发展的必然性和发展原则，最终提出了“文化创意 +”会展业融合发展的探索性路径。笔者认为，文化创意产业与会展业的融合作为产业间的延伸发展方式，赋予了产业新的附加功能和更强的竞争力，形成了融合型的产业新体系。应该以文化创意不断带动会展业发展，通过在管理能力、宣传能力、服务能力、新技术应用等方面展开，实现两者的融合。

我们应该清醒地认识到，我国文化创意产业和会展业的发展面临着众多挑战与压力，但更多的是未来发展的机遇。面对“十三五”时期的开局，两者理应强化创新,不断融合发展,加快供给侧结构性改革进程,力争成为经济发展“新常态”的增长新动力，带动地区社会经济和谐、持续、健康发展。

# 目录

1

## 第一章 “文化创意 +”会展业融合发展的背景

19

## 第二章　文化创意与会展业基本理论

第一章

# “文化创意 +”会展业融合发展的背景

在产业融合的大背景下，文化创意产业逐渐形成一股独特的经济社会力量，而被喻为世界三大无烟产业的会展业也正方兴未艾，推进文化创意形势下的会展业发展具有时代价值和现实意义。本章将通过论述文化创意产业的起源，回顾文化创意产业的发展历程，进而阐述新形势下发展会展业所面临的历史机遇。

## 第一节　文化创意产业的兴起与发展

### 一、文化创意产业的兴起

近年来，“文化产业”“文化创意产业”的话题非常热，更多的时候大家的讨论都只停留在概念层面，到底“文化创意产业”或者“文化产业”是什么呢？国内理论界众多学者围绕文化创意产业的不同侧面提出了各种说法。有人认为文化产业主要是创造出一些能够吸引人眼球的文化产品，如电视节目、影像制品等，因此称为“眼球经济”。有人认为文化创意产业竞争主要是围绕如何争夺受众的注意力，并围绕受众的注意力展开多种经济附加值服务，因此称为“注意力经济”。也有人根据伴随中国汽车数量急遽增长而出现的交通广播类节目盈利模式提出“耳朵经济”的概念。这些说法都不全面，都没有点出文化创意产业的核心本质。

在发达国家，不管它叫“文化产业”还是叫“创意产业”，都不可否认这个行业本身发展的历史已经比较漫长。称“创意产业”的有英国、韩国。欧洲其他国家有人称为“文化产业”。美国没有“文化创意产业”的概念，由于美国是一个高度法治的国家，一切创造力产生的产品都是有知识产权的，比如绘画、歌曲、舞蹈、电视节目、广播节目都是有版权的，未经授权其他人不能抄袭，因此他们把相关行业基本叫作“版权产业”。由此看来，发达国家对文化创意产业的概念称谓也不完全一样。

实际上这个产业最核心的东西就是“创造力”。也就是说，文化创意产业的核心其实就在于人的创造力以及最大限度地发挥人的创造力。“创意”是产生新事物的能力，这些创意必须是独特的、原创的以及有意义的。在“内容为王”的时代，无论是电视影像这样的传统媒介产品，还是数码动漫等新兴产业，所有资本运作的基础都是优良的产品，而在竞争中脱颖而出的优良产品恰恰来源于人的丰富的创造力。因此文化创意产业其本质就是一种“创意经济”，其核心竞争力就是人自身的创造力。由原创激发的“差异”和“个性”是“文化创意产业”的根基和生命。

阿特金森（Atkinson）和科特（Court）于 1998 年明确指出，新经济就是知识经济，而创意经济则是知识经济的核心和动力。美国人已经发出“资本的时代已经过去，创意的时代已经来临”的宣言。

“创意”或者“创造力”包括两个方面。第一是“原创”，这个东西是前人和其他人没有的，完全是自己首创的，比如京剧、昆曲、武术就属于中国原创。第二是“创新”，它的意义在于虽然是别人首先创造的，但将它进一步地改造，形成一个新的东西，就可以给人新的感觉。电影《卧虎藏龙》就是一个采用西方化的艺术表达方式来包装中国内核的故事，属于一个创新过程而不是原创。对于创造力来说，可以有原创也有创新。比如广州军区杂技团利用杂技的形式重排的西方经典芭蕾舞剧《天鹅湖》，老外看后惊叹不已。西方主流报纸《纽约时报》为此还特地做了一个 1 分 30 秒的录像放到《纽约时报》的网站上，造成了很大影响。这样的形式虽然不是原创的，但是属于一种创新，也是一种很好的创造力。

还有一个经典的例子就是迪士尼集团，该集团不仅生产发行了动画片《米老鼠和唐老鸭》，还将这些卡通形象做成玩具、服装，建造迪士尼乐园主题公园。人的创造力是无限的，可以实现创造力的途径也是无限的。迪士尼的许可产品一年在全球的零售达 1120 亿美元，其中 290 亿美元来自娱乐人物形象，不管是玩具、服装、电影还是电视等。中国全国广电系统 2004 年全年总收入 100 多亿美元，而世界第一大媒介集团美国时代华纳 2004 年年收入为 440 亿美元，是我国广电行业的 4 倍。

## 二、文化创意产业发展的基本条件

居民对文化消费的需求及消费的能力决定了文化创意产业的产生和发展。文化创意产业范畴的大众精神文化消费不同于物质消费，也不同于自给性文化消费和社会公共性文化消费等其他文化消费形式，它对文化创意产业的产生和发展起着基础性的作用。

消费重心从物质领域转向文化领域，这是形成独立文化消费市场的基本前提，同时也是文化创意产业的产生所必需的。任何一种产业活动的发展都依赖于稳定的市场，文化创意产业也不例外。现代化进程中社会生产力迅猛发展使社会财富快速增长、人民生活水平普遍提高，这为商业性文化消费的出现奠定了基础。大众文化消费能力的高低，需求的多少制约着文化产业的生产能力、发展规模和水平。文化产品的消费与一般商品的消费不同之处在于：精神文化产品消费者需要了解文化创意产品的精神价值、认同其观念价值，在自身文化水准、审美和价值取向、经验认识等的基础上对文化产品进行选择和消费。因此，大众文化消费能力就不仅取决于收入水平、经济能力，同时还受制于个体的文化认知水平和现代科技所能提供的技术支持能力。个体的文化认知能力即消费者对文化创意产品的理解和欣赏能力，很大程度上取决于其受教育水平和文化素养。现代科学技术的发展支持并提高了大众对文化创意产品的接受度和理解力。此外，大众文化需求的多样性还决定了文化创意产业从内容到形式，从经营模式到业态的丰富多样性。

但必须注意到的是，随着文化创意产业中创新、创意要素不断增加，文化创意产业的发展应该通过创意和创新满足、引导和鼓励大众精神文化消费，即文化市场应同消费驱动型向创意驱动型转变。初始阶段通过满足公众基本文化消费需求推动文化产业发展，成熟期的文化创意产业则应通过创意产品刺激公众文化消费的诉求来拉动产业的发展。另外，文化创意产业具有链条化特征，组成链条的几个核心环节是文化资源、文化创作、文化产品制作、展示和传播等。讨论文化创意产业的发展条件需要围绕这几个环节进行。

### （一）文化资源的基础作用

文化创意产业的发展过程是文化资源转化为文化产品及文化服务并实现其价值的过程。而文化资源则是发展文化创意产业的基础和必要条件。一般来说，"人类发展进程中所创造的一切含有文化意味的文明成果，以及承载着一定文化意义的活动、物件、事件以及一些名人、名城等"，都是某种形式的文化资源。文化资源具有动态性、非独占性、可再生性等特征，它是文化创意产业发展的必要但非充分条件。没有可供开发利用的文化资源，就不可能发展起文化创意产业；有了文化资源的优势，却没有创意的能力，文化创意产业同样也无法良好发展。

### （二）经济发展水平的推动作用

文化创意产业的发展与经济发展水平、发达程度是呈正相关的，其发展离不开国民经济体系的支撑。英国、美国、德国、法国、日本等发达国家的经济发展水平高，文化创意产业也就发达。这些国家文化创意产业中的影视、动漫、出版、演出等均居于世界前列。全球排名靠前的文化产业跨国企业都是出自这些发达国家，国际文化贸易的绝大部分也被这些跨国公司所垄断。这说明一个国家或地区的经济发展水平决定了其公众的需求层次，经济越发达，需求层次就越高。西方发达国家的文化创意产业之所以发达，其重要原因就是其公众的需求层次达到了高级的精神需求水平。

### （三）科学技术的支撑作用

人类进入信息时代，知识和技术遵循着“摩尔法则”飞速的变革和刷新。20世纪以来，印刷复印、录音录像、网络传输、数字化等技术的广泛应用使文化创意产品可批量生产，为其大发展提供了可能性。无论是在内容上还是形式上，生产方式和传播方式方面，现代科学技术在文化艺术、创意创新领域都直接推动了文化创意产业的发展。文化创意产业发展的历史过程表明，只有借助科学技术文化艺术才能有更多样的形式，更丰富深邃的内涵。现代科学技术使人类社会进入知识经济时代，进行到创意为王的时代。

### （四）体制与机制的激励和规范作用

从西方发达国家文化创意产业的发展经验可以看出，它们成熟的市场机制、先进的产业政策和制度、良好的金融体系、充足的资本，使最充分、最深入地发掘、利用和整合多样多元的文化资源成为可能。这些条件进一步促进着文化创意产业的不断提升。国内经济文化体制的改革也一直不断地为文化创意产业的发展铺平道路，社会主义市场经济的确立为文化创意产业的大发展创造了适宜环境。2000 年 10 月，“文化产业”第一次被写入了我国政府文件中，党的十五届五中全会通过了《中共中央关于制定国民经济和社会发展第十个五年计划的建议》(以下简称《建议》)。《建议》指出，通过完善文化政策、加强文化市场建设及管理来促进文化相关产业的发展。2002 年，中国共产党第十六届代表大会把文化产业与文化事业的经营区分开来，之后文化体制改革进一步深入，对我国文化创意产业发展的推动作用愈加显著。

## 第二节 会展业发展的历史机遇

### 一、“一带一路”倡议为会展业发展提供更加广阔的国际舞台

“一带一路”（The Belt and Road）是“丝绸之路经济带”和“21 世纪海上丝绸之路”的简称，2013 年 9 月和 10 月由中国国家主席习近平分别提出建设“新丝绸之路经济带”和“21 世纪海上丝绸之路”的合作倡议。它将充分依靠中国与有关国家既有的双多边机制，借助既有的、行之有效的区域合作平台，借用古代丝绸之路的历史符号，高举和平发展的旗帜，积极发展与沿线国家的经济合作伙伴关系，共同打造政治互信、经济融合、文化包容的利益共同体、命运共同体和责任共同体。由我国政府提出的“一带一路”倡议，契合了沿线国家的共同需求，体现了“和平、交流、理解、包容、合作、共赢”的精神，已经成为当今世界重要的国际合作新平台。这为会展业注入了新的动力和机遇。

第一，经济政策保障的机遇。在“一带一路”战略背景下，各级政府高度重视市场经济监管机制的完善，各类经济助推政策，为中国的会展业走向专业化、特色化、国际化提供了政策保障。例如，“一带一路”税收优惠政策的制定，就为会展业的发展提供了经济政策保障。

第二，产业格局优化的机遇。在“一带一路”战略背景下，经济动力的助推可加速现代会展业的特色品牌建设，优化会展发展空间格局。受中国经济格局影响，中国会展业形成了“三圈三带”的格局，即以北京为核心的环渤海会展经济圈，以上海为核心的长江三角洲会展经济圈，以广州为核心的珠江三角洲会展经济圈，以沈阳、大连、哈尔滨为核心的东北会展经济带，以武汉、郑

州、西安为核心的中西部会展经济带和以成都、重庆、昆明为核心的西南部会展经济带。

第三，产业转型升级机遇。在“一带一路”战略指引下，沿线地区和国家积极响应政策，会展产业充分发挥其连线和交易功能、技术扩展功能以及整合营销功能，从单一的商业展览会议到国家级的旅游节庆活动以及体育赛事，不仅为现代会展业提供新的融资平台和创新活力，更为会展产业的转型升级提供了新思路和新机遇。

## 二、经济发展新旧动能转换为会展业发展提供了更加有利的国内环境

李克强总理在《政府工作报告》中提出：“发展是解决我国一切问题的基础和关键。要着力解决发展不平衡不充分问题，围绕建设现代化经济体系，坚持质量第一、效益优先，促进经济结构优化升级。”当前我国经济发展面临的主要问题就是“经济增长内生动力还不够足，创新能力还不够强，发展质量和效益不够高”，加快新旧动能转换，推动经济高质量发展已经成为一项重要而又紧迫的任务。

培育新动能、实现新旧动能转换，是落实新发展理念的要求。党的十八届五中全会提出了“创新、协调、绿色、开放、共享”的新发展理念。新发展理念之“新”，在于它的整体性、系统性和协同性。它不是只强调其中的某一点，而是要把五大理念有机地结合起来，并且在实践中加以落实。要落实新发展理念，必须有新的动能。同时，培育新动能是中国实现跨越中等收入阶段的内在要求。经过这些年的努力，我们取得了巨大的成绩，从低收入国家变成了上中等收入国家，正在迈向高收入国家。目前，对中国而言，已经达到人均8000多美元的中等收入，这是一个巨大的发展成就，但是往前看，要想跨越“中等收入陷阱”，顺利地进入高收入阶段，必须培育新动能。

在新旧动能转换的背景下，加快推进会展业发展将有助于提升产业转型升级，推动地区经济发展。通过发展城市会展经济，一方面，可以聚集商品和服务信息，为参展商与贸易商建立新的客户关系、寻求贸易伙伴、获取经贸信息提供便利。据英联邦展览业联合会调查，展览会是优于专业杂志、直接邮寄、推销员推销、公关、报纸、电视等手段的最有效的营销中介。另一方面，举办会展将大大提升

举办城市的国际知名度。通过向世界各地的参展商、贸易商和观展人员宣传一个国家或地区的科学技术水平、经济发展实力，展示城市形象、扩大城市的影响，让海外客商耳濡目染而形成的良好口碑能提高城市的知名度和美誉度，进一步推动城市的繁荣，实现城市新旧动能转换。

## 三、会展业将成为经济发展新常态的新引擎

经济新常态就是在经济结构对称态基础上的经济可持续发展，包括经济可持续稳增长。经济新常态是强调“结构稳增长”的经济，而不是总量经济；着眼于经济结构的对称态及在对称态基础上的可持续发展，而不仅仅是 GDP、人均 GDP 增长与经济规模最大化。经济新常态就是用增长促发展，用发展促增长。经过 30 多年高速增长之后，中国经济发展进入了新常态。这不是一个短期的周期变化，而是一个阶段性变化。新常态是我们认识和理解现阶段中国经济的大逻辑。所谓经济的“常态”，是一个经济体运行的“经常性状态”或“稳定性状态”的简称。显然，这里隐含了一个时期或阶段的概念，即所谓经济的“常态”应该是一个经济体在“某一特定时期或阶段”内运行的“经常性状态”或“稳定性状态”的简称。依此定义，由于“经济新常态”有一个“新”字，那就一定是相对于“上个时期或阶段”经济运行的状态而言的，或者是相对于“历史时期或阶段”经济运行的状态而言的。人类社会经济的发展受到诸多因素的影响，这些因素不仅在维度上难以穷尽，而且在内涵或形式上也无法完全控制或重复，即人类社会经济发展的历史不可能简单重复。从这个意义上说，有别于“上个时期或阶段”的经济运行状态，一旦趋于稳定，并可以维持一段时间，那就是经济运行的“新常态”。

会展业是现代服务业的重要增长点，也是文化产业的重要组成部分，也是国家层面积极培育的新兴产业。作为“无烟产业”“环保产业”的会展业对国民经济的强势拉动作用，国际上有 1:9 的说法，即会展业的直接收入是 1，其带动交通、旅游、餐饮、住宿、通信、广告等国民经济相关产业的收入将达到 9。总之，密集的展会带来人流的同时也会带来可观的经济收入。会展业更有“绿色产业”的美誉，能在短时间内实现客流和商流的集聚。不难发现，会展业在国内经济发展中起的作用越来越大，通过会展平台进行招商引资，扩大开放，实现人流、物流、

信息流、资金流的聚集。通过大力发展会展业，也能提升城市品牌和形象，使外界对当地的资源、条件、环境越来越认可，进而带动旅游、餐饮、娱乐等其他配套消费产业链发展。在经济新常态的发展形势下，在转变经济发展方式的情况下，大力推进会展业的发展，对经济又好又快发展、转变发展方式、调整经济结构能够产生更为重要的影响和作用。

## 第三节　会展业对社会经济发展的促进作用

### 一、会展经济可以促进区域经济结构的改善

会展业对经济结构的影响主要表现在推动外贸发展、反映市场供求、引导技术发展以及促进合理竞争等几个方面。

#### （一）外贸推动效应

从对外贸易方式看，会展本身就是一种重要的国际贸易方式，它为买卖双方了解市场，建立和发展贸易、技术、经济合作关系，促进文化交流、增进友谊提供了条件。具体地说，会展对对外贸易的推动作用在于会展活动，特别是大型的国际贸易展会，可以吸引世界各国、各地区的客商，增加了各国买卖双方接触、了解、交流的机会，便于企业进行进出口贸易活动，有利于促成国内企业将自己的优势产品、技术出口，或购买先进的生产技术、设备等，从而能够直接增加外贸进出口额，推动对外贸易的快速发展。①

#### （二）市场表征效应

在经济学上，市场的含义之一是指人们集中进行贸易活动的场所。从这种意义上讲，会展是一种特殊的市场形式，并且具有一些独特的特点，即集中性、直观性、便捷性、互动性。其中，集中性是指会展能够在一定时期和特定的地域空

① 程红．会展经济：现代城市“新的经济增长点”［M］．北京：经济日报出版社，2009.

间里将众多的供需厂商集中在一起，形成聚集效应。直观性是指在会展上，生产商、经销商、采购商等参展人员可以动用所有的感观，接触、比较、了解参展企业和展出商品。便捷性是指在一次会展上可以获得有关企业和产品、技术等各方面的信息，并且可以完成从看样到成交的全部交易过程。互动性是指交易双方能够面对面地进行双向交流，互通信息。正是这些特点决定了会展活动具有较强的市场表征效应，能够较准确地反映市场供求、市场价格、市场竞争等市场要素的变化情况及市场发展趋势。①

### （三）技术引导效应

由于会议和展览具有便捷性、集中性、快速性、互动性等特点，能够在一定的时期将众多高新技术领域的专业人士集中在一起，接触、比较、了解新技术、新发明，并通过相互交流，获得有关技术性能、功效等各方面的信息，不仅对先进技术成果起到了展示、传播和推广的作用，而且对引导新技术的开发，跟踪技术发展动向，鼓励企业不断进行技术创新具有重要意义。因此，技术的发展客观上需要会展这种特殊的市场形式来传递技术信息，提供技术展示的舞台和技术思想交流的机会。② 会展的技术引导效应主要体现在以下四个方面：会展是技术思想的源泉、会展有利于技术成果的转化、会展有利于技术的扩散、会展为技术发展创造良好的环境。

### （四）竞争促进效应

竞争是一种提高经济效益的市场机制。合理的竞争不仅有利于促进科学技术的创新和发展，促进人才的开发和利用，而且有利于促进制度创新和经营管理的改善、打破市场封锁，加速商品流通以及促进资源的合理流动，优化资源配置，提高资源利用效率。然而，竞争不是自发产生的，必须有一定的市场环境，即信息的畅通以及资源流动的开放的环境。会展，特别是大型的会展活动，为人们提供了比较开放的、信息比较安全的环境，可以促进合理的竞争，主要体现在以下两个方面。首先，会展有利于培育竞争意识。会展使众多的供求厂商在一定的时

---

①② 程红．会展经济：现代城市"新的经济增长点"［M］．北京：经济日报出版社，2009.

期，在特定的地域空间集中在一起，促进了行业内企业间的竞争，同时扩大了企业的市场范围，使绩效好的企业获得更多的荣誉，而使绩效差的企业感到压力，增强企业的危机感。其次，会展活动有利于打破不同国家、区域、民族间的封锁和垄断，促进资金、技术、商品的跨区域流动，从而有利于竞争力强的企业抓住新的市场机会，采用先进的生产技术，改革管理方式，充分利用资源，提高在市场上的竞争能力。

## 二、会展经济可以改善区域经济的宏观环境

会展经济可以改善区域经济的宏观环境，从而推动区域经济的发展，主要表现在以下几个方面。

### （一）会展经济加快基础设施建设，完善区域功能

会展是一种大型的群众活动，要求有符合条件的展览场所、有一定接待能力、高中低档相配合的旅行社、宾馆、酒店，便捷的交通、通信和安全保障体系，优美的旅游景点等。以发展会展经济为目的，为了获得大型会议、展览的举办权，各地方政府都会积极进行综合性、全方位的城市建设，加强对整个区域的基础设施建设。此外，通过会展业发展也可以进一步增强区域作为贸易中心、服务中心、信息中心、金融中心、科技中心等诸方面的功能，进而从整体上完善区域功能，提高整个区域的吸纳和辐射能力。

### （二）会展经济提高区域综合竞争力和知名度

会展活动的开展使区域基础设施、市政管理和服务功能不断得以加强和完善，区域环境得到了根本性的治理，综合实力稳步提升，竞争力得以提高。同时为了办好会展，主办者必然要在国内外进行广告宣传活动。这种宣传往往是与区域的建设、交通、经济、科技和人文等环境的推荐联系在一起的，客观上起到了宣传会展举办地的作用。

### （三）会展经济扩大内需，增加就业

产业经济学理论认为，由于各产业发展的关联效应是客观存在的，因此，产

业间的劳动就业机会也就有了必然的联系。某一产业的发展会相应地增加一定的劳动就业机会，而该产业发展所带动的相关产业的发展，也就必然使这些相关产业增加就业机会，产业间的这种劳动就业关联在西方经济学中被描述为投资乘数在就业中的作用。当城市在发展会展经济时，一方面由于会展业本身的发展会增加就业机会，另一方面由于会展业的产业关联效应能够带动其他产业的发展，从而使其他产业增加劳动就业机会，就业的增加意味着收入和消费的增多，最终通过乘数效应促进整个城市经济的繁荣与发展。

### （四）会展经济加速外向型经济的发展

国际性会展活动有利于吸引不同地区、国家的客商相互交流合作，增加一国的进出口贸易。同时，通过对外宣传国家的对外开放政策、招商引资项目，增加资本跨国界流动的规模和速度，提高区域对外开放水平，增强区域对外开放能力。

### （五）会展经济促进经济全球化

经济全球化、市场化和区域集团化是世界经济发展的未来总趋势，而会展业的发展有利于统一的市场规则、国际惯例、经济秩序的形成，加深不同国家、地区的相互了解和分工合作，加强各国政府和组织的协作，有利于突破经济全球化的各种制度因素和非制度因素，为完整的市场体系的形成提供条件，推进经济全球化进程。

## 三、会展经济对城市会展业关联产业的带动作用

从产业经济学角度看，城市在发展会展业过程中的关联产业包括三个部分，即前向关联产业、后向关联产业以及旁侧关联产业。其中，后向关联产业是指能够在会展开始之前提供服务的关联产业，前向关联产业是指能够在会展完成之后提供服务的关联产业，旁侧关联产业是指在会展中提供服务的关联产业。

会展经济后向关联产业主要包括会展配套设施以及基础设施的建设、会展咨询、会展广告、展场布置、展台布置、场馆建设等。在会展经济发展较好的国家存在许多专业性较强的会展广告以及会展咨询企业，这些企业可以为会展经济的发展提供良好的服务以保障会展能够在竞争中具有足够的经验，而展台的搭建以

及展场的布置等都是由专业企业完成，由于这些企业具有标准化器材以及专业程度较高的人才来开展这些工作，所以这些工作也体现出了较少的资源浪费、较高的工程质量以及较快的速度等特点。这些产业的发达是这些国家中会展经济能够健康发展并具有较高经济效益的主要原因，同时会展经济的发展也为这些产业的发展提供了更多的业务，从而对这些产业的发展起到了很大程度的拉动作用。从我国的会展经济后向产业发展来看，无论是会展咨询、会展广告还是展台的搭建以及展场的布置，大都是由一个企业来负责和完成，这反映了我国会展经济具有较低专业化以及发育程度的问题，但是同时也说明了我国会展经济的后向关联产业仍旧具有较大的发展空间，所以在城市发展过程中应当重视会展经济的发展，从而让会展经济发挥出拉动后向关联产业发展的作用。

会展经济的前向关联产业主要包括对会展集群式通信系统的开发、品牌会展的标志识别、会展反馈、会展跟踪以及会展分析等，通过对会展过程的分析，尤其是对经验以及教训的总结和对会展本身经济效益和社会影响的跟踪与反馈能够对会展经济的发展产生有利的影响。在会展经济发展较好的地区有专门的企业对会展本身进行分析，并负责对会展的经济效益以及社会影响做出反馈、跟踪以及调查。这些企业的发展能够进一步促进会展经济的发展，在此过程中，会展经济的存在以及对这些企业的发展所发挥的推动作用也不容忽视。应当客观地承认，我国的会展经济前向产业与发达国家相比仍旧相对落后，虽然这体现出了我国的会展经济与会展经济强国之间存在一定的差距，但是同时也为我国会展经济的发展指明了方向。推动会展经济强项关联产业发展可以有效地促进会展经济发展质量以及发展水平的提高，同时会展经济的发展能够对会展经济前向产业的发展起到推动作用。

会展经济的旁侧关联产业体现在餐饮、宾馆、零售、通信、交通、文化、旅游、环保、物流、保险等诸多方面。从餐饮业以及住宿业的发展来看，城市在举办会展的过程中会吸引大量的观众以及参展商到来，从而在餐饮以及住宿等方面形成较大需求；从交通以及通信业的发展来看，城市在举办会展的过程中将会有大量物流以及人流向会展举办地汇集，此时无论是城市交通还是通信等都具有很大需求；从零售业的发展来看，城市在举办会展的过程中，涌入城市的人群对各种生活服务以及生活用品都具有较大需求；从保险业的发展来看，为了对企业的商标、专利等产权以及参展观众和参展商的人身安全进行保护，就必须要涉及保险业。由此可见，会展经济发展对旁侧关联产业发展所起到的带动作用是不容忽视的。

## 四、会展经济对城市基础设施建设的带动作用

城市中的基础设施具有公共服务性，是城市居民生活以及生产的基本环境条件，同时也是城市中重要的硬件系统，作为社会活动以及城市经济的基本承载体，它是城市建设水平的集中体现。会展经济的发展，尤其是大型会展的举办能够明显地暴露出城市基础设施建设中存在的漏洞与问题，并为城市基础设施建设指明方向。大型会展活动的举办一般都伴随着城市基础设施的大规模兴建与改造，对于会展活动而言，仅仅有专业完善的会展场所只是基础条件，除此之外，发达的交通、高效的通信、充足的水电、可靠的灾害预测预防系统、优质的废物处理设施等都是会展活动举办对城市提出的基本要求，所以大型会展的举办往往是城市管理者痛下决心对城市基础设施进行改善的重要原因。另外，会展经济本身具有高回报特性，所以通过会展经济的发展，城市经济实力能够进一步增强，从而为城市基础设施建设提供资金基础。以上海世博会为例，为了成功地承办世博会，上海的基础设施建设被提前十年，整个上海的面貌也焕然一新，无论是高速公路、铁路还是航空等基础设施都得到了大力的发展，同时上海市在供水、供电、通信、交通等基础设施的建设中投入 200 亿元以上，确保了世博会参展观众以及参展商的饮食、通信、交通、住宿等需求得到满足。

## 五、会展经济对城市的宣传与营销作用

首先，大型的会展都会得到众多媒体的转播与报道，并吸引众多参展观众的关注度，这就为会展经济发挥城市宣传与营销奠定了基础。而会展的成功举办可以为城市带来正面舆论，当人们在讨论会展时，总是要提到会展的举办地，从而在提高城市曝光度的同时建立了良好的城市形象。其次，大型会展由于规模较大以及参展商家较多的特点较容易受到投资者的关注，在此基础上，通过会展的举办，有利于让投资者认识城市本身所具有的投资环境并为城市的发展吸引更多的投资，所以会展经济的发展可以为城市吸引外来投资创造有利条件，并有效地刺激社会投资积极

性，尤其是非国有的投资主体所具有的投资积极性。再次，会展活动的举办可以扩大城市中信息、物资、人员的交流以及大量先进设备、科学技术的投入，通过对这些资源的利用，会展举办城市可以加强与其他城市之间的合作和交流，从而为城市的发展提供更多有价值的经验。最后，城市可以利用会展这一机遇对本地的新技术以及新产品进行宣传，从而对这些技术和产品所具有的国内市场甚至国际市场进行进一步的开拓。由此可见，会展可以成为城市塑造良好形象并寻求合作以及交流的平台，对区域内经济的发展发挥着很大的推动作用。会展的举办城市应当认识到会展活动的独特功能，并抓住这一机遇展示出城市的特点与文化，将会展与城市形象有机地结合起来，从而提高城市的竞争能力。

第二章

# 文化创意与会展业基本理论

作为理论章节，本章主要阐述了有关“文化创意”与“会展业”的基本概念和相关理论基础，试图从理论角度分析文化创意与会展业之间的关联，为后续研究奠定基础。

## 第一节　文化创意产业的相关概念

概念是一类事物的共同特征和本质特征的表达，是理论研究创新的逻辑起点。概念的内涵与外延既确定了其反映的一类事物的共同特性或本质特性，也确定了这类事物的范围。由于文化创意产业演化发展中表现出的强劲发展势头，以及其特殊、优良和多维的经济特性，逐步在国民经济发展过程中呈现出系统、互动和重构的多层面的复杂关系，越来越多的国家、研究机构和经济学家都将目光投向它。于是，文化创意产业概念的界定就顺理成章地成为第一个被关注的焦点。从某种意义上说，每一个名词背后都有自己的概念发展史。

对于文化创意产业的概念的研究，一方面，由于世界各国经济社会发展阶段和经济体系结构不同、战略观念和文化政策差异，文化创意产业发展体现出各具特点的产业形态和发展路径。另一方面，目前文化创意产业尚处于雏形阶段，自身还处于发展、壮大和完善中，其本质与特性正伴随着产业实践发展而逐渐显现出来。因此，文化创意产业的概念的研究还处于理论探索阶段，在这样一个阶段，各国研究机构、政府以及学者都不得不从自己国家发展战略、自身优势、研究目的和研究兴趣出发，提出各种各样的界定范畴和发展理念。例如，文化产业、娱乐产业、文化创意产业、创意产业、版权产业和内容产业等，这些概念是含义多重、彼此相似的术语，其所描述的是“文化与经济互为激荡的空间”，其中的相关研究颇多，歧义迭出[①]。明确厘清相关概念，辨析内涵差异、演化路径以及内在逻辑，就成了本节对文化创意

① Chris Gibson and Lily Kong. Cultural economy：a critical review［J］. Progress in Human Geography，2005，29（5）：541–561.

产业概念探寻和界定的逻辑前提。

## 一、文化产业

“文化产业”概念来源于“文化工业”的概念。“文化工业”（Culture Industry）来自法兰克福学派学者西奥多·阿多诺（Theodor Wiesengrund Adorno）和马克斯·霍克海默（M.Max Horkheirner）的《文化产业：欺骗公众的启蒙精神》一文，用单数形式首次揭露了当时发达资本主义国家的文化具有大工业的特征，是一种缺乏思想深度与社会批判精神、适合大众口味的、快餐式的精神消费品和由机械复制而成的千篇一律的文化工业消费品。其后的本雅明已经看到了艺术和技术的进步为民主和解放提供了机会，艺术品的复制可以把艺术从宗教仪式的传统束缚中解放出来，“通过机械复制为大众所有”。相关研究显示，大众在文化产品的消费进程中并不是一味的被动，而是逐渐显示出主动作用。文化发展实践层面上的探讨与研究越来越成为更受欢迎的话题。各种政府组织也开始从政策方面把文化产业作为一个严肃的命题来对待。20 世纪 80 年代，大伦敦政务院第一次在财经政策上使用了“文化产业”一词，这隐含着文化产业是人们所消费的全部文化商品的总和。在蒙特利尔会议上将文化产业定义为：“按照工业标准生产、再生产、储存以及分配文化产品和服务的一系列活动。”[①] 联合国教科文组织曾把文化产业定义为：“按照工业标准生产、再生产、储存以及分配文化产品和服务的一系列活动。”[②] 英国曼彻斯特大学大众文化研究所执行主任贾斯汀·奥康纳（Justin Oconnor）认为：“文化产业是指以经营符号性商品为主的那些活动，这些商品的基本经济价值源自于它们的文化价值。”[③] 澳大利亚麦考瑞大学经济学教授、前国际文化经济学理事会主席大卫·斯罗斯比（David Throsby）在《经济与文化》一书中用一个同心

① 苑捷．当代西方文化理论研究概述［J］．马克思主义与现实，2004（1）．

② 资料来源：联合国教科文组织官方网站。

③ 蔡尚伟，温洪泉．文化产业导论［M］．上海：复旦大学出版社，2006.

圆来界定文化产业的行业范畴。[①] 在我国，文化部这样概括，文化产业“是指从事文化产品生产和提供文化服务的经营性行业。文化产业是与文化事业相对应的概念，两者都是社会主义文化建设的重要力量”。我国学者胡惠林认为：“可以把文化产业定义为生产和经营文化产品、提供文化服务的企业行为和活动。”江蓝生等认为：“一个巨大的建立于大规模复制技术之上的产业群。”张晓明认为：“文化产业是现代社会以工业化的方式生产文化符号以满足精神消费需要的产业。”

## 二、创意产业

“创意产业”概念是在1998年出版的《英国创意产业路径文件》中，由英国首次提出。英国对创意产业的定义为：“创意产业是那些源于个人创造力、技能和天分，通过知识产权的开发，具有创造财富和就业机会潜力的产业。”其后，联合国教科文组织将创意产业定义为“根据创意的产业化，提供本质为无形的文化内涵如产品的文化附加值的产品，且产品内容基本上受著作权保障，产品供给形式可以是物质的商品或非物质的服务的产业”。这种定义类似于文化产业的定义，被很多亚洲国家所认同而广泛使用。

回顾当时，英国经济麻烦不断，一度减弱的失业与通货膨胀互换现象或所谓“菲利普斯规律”重新活跃起来。面对江河日下的经济形势，布莱尔新政府需要新的口号和行动来唤起选民的信心。布莱尔在上任伊始就成立了“创意产业特别工作小组”并亲自担任主席一职，颁布第一份国家文化政策《创造性的未来》(*A Creative Future*)，明确提出以“创造性”(creativity，又翻译为“创意性”)为核心，对英国创意产业的未来发展做出规划，由此推动英国文化产业的发展。并且，两次发布《创意产业图录报告》，分析英国创意产业的现状、规范统计数据、考察产业链上下游的相关产业，更好地向世人表达了创意产业在英国经济中的重要作用，力图通过发展以“创造性”为核心的创意产业进而形成美国依靠“新经济”那样获得持久的经济增长和繁荣。事实也正是如此，

---

① THROSBY D. Economics and Culture[M]. London：Cambridge University Press，2001.

或许实践走得更远。英国创意产业在1997—2004年平均增长为5%，而同期整体经济的增长速度只是3%。并且，仅仅在2004年就为英国的出口贸易贡献了130亿英镑，占整个货物和服务出口的4.3%。于是，“创意产业”概念开始作为英国工党新政府“新政”的主要口号和理念推向公众。又因为，“正是在这样的过程中，我们发展着我们的创意产业的各个行业，并且创意产业的发展远远高于整个国民经济的增长。我们的城市正在创意产业发展中得到复兴”①，所以，“创意产业，这个术语已经被更广泛地采用和理解，在新经济中创意产业对国民财富的重要意义得到了更一致的认可，这些产业的特殊需求在世界各个国家、地区等各个层面的政策制定过程中得到了更多的反应”（英国文化、媒体与体育大臣克里斯·史密斯在2001年的专题报告）。创意产业已经从边缘进入了主流，创意产业在全球各国得到蓬勃发展。

## 三、文化创意产业

“文化创意产业”这一概念是我国台湾地区在2001年提出的，其后北京、上海等亚洲一些城市开始使用。台湾地区首先借鉴英国创意产业发展经验，将文化产业和创意产业的概念结合起来，提出了“文化创意产业”这一概念。其定义为：源自创意或文化积累，通过智慧财产的形式与运用，具有创造财富与就业机会的潜力，并促进整体生活之提升的行业。在外延方面，中国台湾文化创意产业和英国创意产业极为相似，也包括相似的13个产业，并且，将文化创意产业作为核心产业扶持发展，并列入“挑战2008发展重点计划”中。台湾地区还先后由多部门发起成立了“文化创意产业推动小组”与“台湾地区行政主管部门文化创意产业发展指导委员会”，共同为促进文化创意产业发展组织协调，并根据产业发展实际定期对文化创意产业发展规划进行修订，文化创意产业成为台湾地区新一轮的全力扶持的产业。

中国香港特别行政区政府最先使用的概念是“创意产业”，2003年正式发表的《香港创意产业基线研究报告》对香港地区文化创意产业进行了梳理与评估。随着文化创意产业的发展与经济发展趋势的变化，香港地区在2005年更加明确地

---

① British Government. Department for culture，media and sport［R］.2007-02-17.

提出文化创意产业是未来经济发展新的增长点，将创意产业改称为"文化创意产业"（Cultural and Creative Industries），以此来明确发展政策聚焦的方向。在第二届特区政府的首份《施政报告》中，文化创意产业被定义为：文化艺术创意和商品生产的结合，包括表演艺术、电影电视、出版、艺术品及古董市场、音乐、建筑、广告、数码娱乐、软件开发、动画制作、时装及产品设计等产业。从上文关于台湾地区文化创意产业的定义和香港地区对产业名称的更改，我们可以看出，文化创意产业某种程度上是更加地区化的创意产业概念。事实上，根据文献检索发现，文化创意产业也体现出明显的区域特征。

2006 年 9 月 13 日，中共中央办公厅和国务院办公厅印发《国家"十一五"时期文化发展纲要》，文化创意产业概念首次出现在党和政府重要文件中；2006 年 12 月，北京市统计局、国家统计局北京调查总队联合制定发布了《北京市文化创意产业分类标准》，第一次从产业链的角度将文化创意产业定义为：是以创作、创造、创新为根本手段，以文化内容和创意成果为核心价值，以知识产权实现或消费为交易特征，为社会公众提供文化体验的具有内在联系的行业集群。同时，在《北京城市总体规划（2004—2020）》中，明确定位为国家首都、国际城市和文化名城，为了促进北京文化创意产业的发展，北京市政府先后挂牌成立文化创意产业集聚区，并制定了一系列的优惠政策。在上海，文化创意产业是指以创新思想、技巧和先进技术等知识和智力密集型要素为核心，通过一系列创造活动，引起生产和消费环节的价值增值，为社会创造财富和提供广泛就业机会的产业，主要包括研发设计、建筑设计、文化艺术、咨询策划和时尚消费等几大类。在广州市，广州创意产业课题组认为，文化创意产业是由文化、创意、科技三者深度结合形成的产业集群，各行各业都可以用来提升行业价值、树立行业特色的元素，同时，它又区别于文化，强调更多的是创造、创新、创作，主要特点在于能够创造出更多的文化导向，对产品研发起带动作用。

2009 年 7 月 22 日，第一部文化产业专项规划《文化产业振兴规划》由国务院原则通过，其中，第一项即加快发展文化创意、影视制作等九项重点文化产业，承载着应对国际金融危机任务，各地"十一五"规划也多将它作为支柱产业扶植和发展战略，用"文化创意产业"和"创意产业"取代"文化产业"已经成为一个非常令人瞩目的政策导向。

## 四、文化创意产业的特征

### （一）以中小企业为主，产业组织呈现聚群化、网络化

文化创意产业多是由创意天才、艺术家和有技能的人创办的，因而其企业组织形式多以中小企业，甚至是小微企业为主，企业规模一般都不大。依据中小企业存在理论，在企业集群中，中小企业可以凭借企业外部的力量来弥补自己在企业内部规模经济方面的不足，用灵活多样的网络性市场交易合约替代官僚性质的科层性企业组织合约，并通过知识的累积性增进和信息的节约体现出巨大的优势。因此，文化创意企业呈现出小型化、扁平化、个体化、灵活化的特点，“少量的大企业，大量的小企业”成为其创业的普遍现象，并由此形成的网络化现象特别凸显。

### （二）高附加值产业，强渗透性

文化创意产业的核心生产要素是知识，特别是技术和文化等无形资产，因此它是具有知识产权的高附加值产业。创意是技术、经济和文化相互交融的产物，因此文化创意产品是新思想、新技术、新内容的物化形式，是数字技术和文化、艺术的交融和升华。简而言之，文化创意产品是技术产业化和文化产业化交互发展的结果，对其相关的产业部门具有很强的渗透性。

### （三）以符号与象征性产品和服务为主

文化创意产品具有符号性和象征性，并具有文化产品和服务的特征，其基本经济价值源自其文化价值。文化价值不在于使用价值而在于观念价值，而观念价值（如品牌等）具有价值不可估量性，因而创造出的经济价值也是无法估量的。

### （四）有新经济的特征

新经济的典型特征是知识密集性，而文化创意产业具有高科技产业的特征。即创意产业需要多样化技术的融合、需要良好发展的计算机技术为基础设施，为顾客服务和制造基础技术。因此，文化创意产业的本质是新经济的重要组成，也

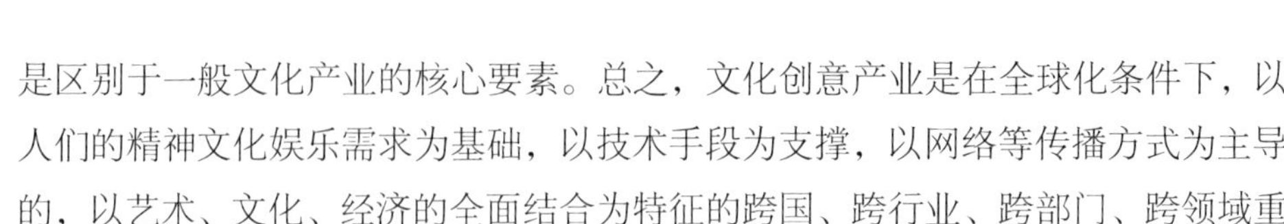

是区别于一般文化产业的核心要素。总之，文化创意产业是在全球化条件下，以人们的精神文化娱乐需求为基础，以技术手段为支撑，以网络等传播方式为主导的，以艺术、文化、经济的全面结合为特征的跨国、跨行业、跨部门、跨领域重组或创建的一种新型产业集群。

# 第二节　文化创意产业的理论基础

## 一、精神生产理论

### （一）早期经济学家的精神生产理论

在资本主义经济思想的发展史上，不管是重商主义学派还是重农主义学派都没有涉及精神生产的相关思想阐述。重商主义学派认定财富是由金银构成的，而重农主义者则认为农业是财富的唯一来源和社会一切收入的基础，并将农业劳动和土地视为社会财富的象征和源泉。两者都只注重物质生产，而忽视精神生产。

作为古典经济学的集大成者，斯密开始意识到了“精神生产”的重要性，并且对其进行了相关思想论述。在他看来，“一切的机械改良，绝不是由机械使用者发明，有许多改良，出自专门机械制造师的智巧；还有一些改良，是出自哲学家或思想家的智能。哲学家或思想家的任务，不在于制造任何实物，而在于观察一切事物，所以他们常常能够结合利用各种完全没有关系而且极不类似的物力。哲学上的这种分工，像产业上的分工那样，增进了技巧，并节省了时间。各人擅长各人的特殊工作，不但增加了全体的成就，而且大大增进了科学的内容”。但是，斯密认为，精神劳动者是非生产性劳动者，非生产性劳动不创造国民财富。与斯密认为精神生产者是非生产性劳动者的观点不同的是，萨伊认为，凡使用在任何一个这种工作上的劳力都是生产性劳力，因为它协助产品的生产。萨伊提出凡能给行为人带来效用的东西都是价值的源泉，这种东西的形成都可以称为生产。因此，萨伊指出，不仅律师、医生、演员、公务员、士兵、教师是生产劳动，而且赌博、跳舞和赛跑活动，甚至仆婢、妓女的劳动，尽管在他看来"是最低级的劳动工作",但也都是生产劳动,因为它们也有效用,都是通过某一种服务满足了人某一方面的需要,只不过它们生产的是精神产品。在早期古典经济学家中,德国经济学家弗里德金希·李斯特(Friedrich List)对资产阶级精神生产理论有着重要的贡献。李斯特提出:"现代国家在财力权力人口以及其他各方面的进展比之古代国家不知要胜过多少倍,如果仅仅把体力劳动作为财富的起因,那么对于这一现象将怎样解释呢?"因此,他批评了只把体力劳动的生产看作生产的错误思想,并且指出这样的思想会得出荒谬的结论:"一个养猪的是社会中具有生产能力的成员,一个教育家却反而不是生产者,供出售的风笛或口琴的制造者是生产者,而大作曲家或音乐名家,却由于他表演的东西不能具体摆在市场上,就属于非生产性质。"而且在李斯特看来,如果精神生产和物质生产之间形成失调,就会使社会生产力的发展受到阻碍,而整个国家则出现畸形发展。不仅如此,李斯特还提出了著名的"精神资本"这一范畴——"各国现在的状况是在我们以前许多世代一切发现、发明、改进和努力等累积的结果,这些就是现代人类的精神资本"。在他看来,精神资本不仅是社会生产的重要组成,而且对整个社会经济发展起着极为重要的作用。因此,在这些方面,李斯特对资产阶级精神生产理论进行了重要的补充和修正。

### (二)马克思的精神生产理论

虽然精神生产理论并非马克思的首创,但是马克思在批判继承旧思想家的相关理论基础上,借助唯物辩证法,构建了历史唯物主义的"精神生产"理论。他的相关观点主要散见于《1844 年经济学哲学手稿》《神圣家族》《德意志意识形态》《经济学手稿》(1857—1858)、《剩余价值论》等著作中。具体而言,马克思关于精神生产的相关思想主要包括以下三个方面。

第一,精神生产的基本内涵。马克思将精神生产理解为一种"不受肉体需要的支配也进行"的生产,是"按照美的规律来建造"的生产。而且,在马克思的思想中,精神生产有着各种形式的内容,包括"思想、观念、意识的生产""政治、法律、道德、宗教、形而上学"以及"精神劳动""脑力劳动""科学实验""艺术活动"等形式。

第二,精神生产与物质生产的辩证关联。在阐述马克思主义政治经济学的研究对象时，马克思深刻指出："摆在面前的对象，首先是物质生产。"这同时也反映出这样一个事实，即物质资料的生产是人类社会存在和发展的基础。在马克思看来，物质是第一性的，意识是第二性的；物质决定意识。因此，按照历史唯物主义思想，物质生产是精神生产的基础。但是，马克思并非"唯物质"的机械唯物主义论者，而是辩证地看到精神生产与物质生产的辩证关联。一方面，他深刻认识到物质生产是第一性的，意识生产是第二性的；一定的精神生产由物质生产的一定形式决定，即物质生产决定精神生产。另一方面，精神生产能够向物质生产进行转化，这正如马克思曾说的："理论一经掌握群众，也会变成物质力量。"

第三，精神生产同样能够促进社会的发展。马克思曾明确指出："一个生产部门，例如铁、煤、机器的生产或建筑业等劳动生产力的发展——这种发展部分地可以和精神生产领域内的进步，特别是和自然科学及其应用方面的进步联系在一起。"在具体的人类活动中，精神生产总会渗透于物质生产之中，对劳动者、劳动对象、劳动资料产生影响和作用。比如，精神生产满足提高劳动者的文化素质，为物质生产的发展和社会进步提供智力支持；精神生产扩大了劳动的范围和对象，以及通过新的设计、实验生产出新的生产工具，从而促进物质生产的发展等。

## 二、经济增长理论与经济发展理论

### （一）经济增长理论

探求经济增长的奥秘，一直是经济学家不懈的努力方向。经济增长理论的思想萌芽，最早可以追溯到亚当·斯密（Adam Smith）。按照经济增长理论的发展史，可以分为四个阶段进行阐述，分别是经济增长理论的萌芽阶段、增长理论的初探阶段、新古典增长理论阶段以及内生增长理论阶段。

在经济增长理论的萌芽阶段的产业革命时期，亚当·斯密就已经在其《国富论》一书中系统阐述了劳动分工对一国经济增长的重要作用。这一思想一直影响到当前，尤其对杨小凯所创立的新兴古典经济学及其经济增长理论有着重要的意义。

到了20世纪40年代至50年代，以罗伊·福布斯·哈罗德（Roy Forbes Harrod）和埃弗塞·多马（Evsey David Domar）为代表的经济增长模型及其理论论述了国民收入增长率及其相关变量。该理论和模型指出，储蓄率和资本生产率作为重要的变量，与一国经济增长，特别是增长率存在着密切的关联。

20 世纪 50 年代中期，美国经济学家罗伯特·默顿·索洛（Robert Merton Solow）对哈罗德—多马模型提出了质疑。按照哈罗德—多马模型的推算，一国如果实现经济稳定增长，必须满足极为苛刻的条件，以及遵循单一的路径，因此几乎是难以实现的。而非常显然的是，这种理论结果难以解释现实。因此，索洛创造性地提出劳动与资本可以相互替代的观点，并且摒弃了哈罗德和多马关于"生产是在不变的要素比例的前提下发生的"假设前提。而这次理论的突破，也使经济增长理论更好地解释了资本主义发展的现实。

20 世纪 80 年代中期开始，经济增长理论进入了新增长理论时期，即内生增长理论时期。这一时期，以保罗·罗默（Paut M.Romer）和罗伯特·卢卡斯（Robert E.Lucas）为代表的经济学家将索洛等人忽略的"技术"这一变量引入增长模型，同时指出技术是内在的、对资本与劳动直接产生作用的重要变量。这与索洛提出的技术是外生的思想截然不同，故又称（技术）内生增长理论。

**（二）经济发展理论**

20 世纪 80 年代中期，整个社会以及经济学界开始冷静对待经济增长问题。特别是面对冷战结束后的发展中国家，单纯经济生产层面的经济增长理论已经难以应付发展中国家所面临各种社会问题。整个经济学界也在这一时期不断反思和创新，大量关于"经济发展"这一主题的理论成果不断面世，比如新制度主义发展观、可持续发展观和后发优势假说等。

第一，新制度主义发展观。1980 年以来，许多经济学家认识到，要解决发展中国家的经济发展问题，不应只关注资本积累、技术引进、产业结构优化、就业改善、人口控制和出口促进等纯经济因素，而更应该将视野拓展到制度因素。制度因素往往对经济发展的影响更加显著。这也解释了为何相类似的经济增长政策，在一些国家奏效，而在另一些国家却出现失灵的现象。比如，拉坦将诱致性技术变迁扩展到诱致性制度变迁，试图说明为什么这种变迁和相伴而生的经济发展存在于某些经济中，而不存在于另外的经济中，并尝试着构建了使资源、文化、禀赋和制度作用内生化的经济发展模式。

第二，后发优势理论。后发优势理论的思想源头，最早可以追溯到英国古典经济学家大卫·李嘉图（David Ricardo）及瑞典经济学家伊·菲·赫克歇尔（Eli Heckscher）和奥林·格拉比（Orin Qabbe）等提出的“相对有利条件论”。1962年，美国经济史学家格申克龙通过研究发现，后发国家相对于先发国家在工业化过程中可能更加顺利和快捷，具有经济发展的后发优势。20世纪90年代，伯利兹、克鲁格曼通过建立“蛙跳”模型来说明后发国家的后发优势不仅体现于跟随性的模仿创新，而且体现于在一定条件下后发国家可以直接进入高科技领域，抢占经济发展的制高点，在某些领域或产业有超过先发国家的可能性。这些理论都为发展中国家在促进经济发展、制定赶超战略方面提供了重要的理论基础。

第三，可持续发展观。可持续发展理论作为一种革新性的理论，对传统经济增长观形成了巨大冲击。该理论将经济发展与传统的经济增长区别开来，并且同生态环境、自然资源、人口、制度、文化、技术进步等因素结合起来，使我们对经济社会发展有了更加全面的认识，更使实践中的经济政策能够更加周全、更加有效。该理论特别重视经济增长与生态环境的和谐统一。在该理论看来，如果经济过程中断自然生态过程，不断引起环境退化，永久地破坏了人类赖以生存和活动的基本环境功能，环境的绝对限制就会出现；如果把减轻贫困看作经济发展的最高目标，那么有效率、可持续的环境管理就是实现这个目标的必要手段。

经济发展不仅意味着国民经济规模的扩大，更意味着经济和社会生活素质的提高。所以，经济发展涉及的内容超过了单纯的经济增长，比经济增长更为广泛。传统的经济增长理论只注重经济增长层面，注重GDP的增长，而忽视经济发展的严重失调和重大损失。在这样的历史背景下，经济发展理论肩负着重要的历史使命。经济发展理论强调的是一个经济体如何由小到大、由简单到复杂、由低级到高级进行转变，不仅仅是一个量变的过程，更是一个质变的过程。因此，经济发展理论强调“量”与“质”的辩证统一。对于一个国家、一个经济体而言，增长是手段，发展才是目的。只有增长才能发展，但增长并非必然带来发展。而且，在生态环境、社会稳定、增长的可持续性等方面，经济发展理论显然要比经济增长理论更加深刻和全面，也更具有现实性和可操作性。

## 三、创新理论

### （一）熊彼特创新理论

美籍奥地利经济学家熊彼特在其 1912 年出版的代表著作《经济发展理论》中，开创性地论述了以技术创新为基础的经济创新理论。继而，他又在《经济周期》和《资本主义、社会主义和民主主义》两本书中加以运用和发挥，形成了以"创新理论"为基础的独特的理论体系。

熊彼特认为，所谓创新就是要"建立一种新的生产函数"，即"生产要素的重新组合"，就是要把一种从来没有的、关于生产要素和生产条件的"新组合"引进生产体系中，以实现对生产要素或生产条件的"新组合"；作为资本主义"灵魂"的"企业家"的职能就是实现"创新"，引进"新组合"；所谓"经济发展"，就是指整个资本主义社会不断地实现这种"新组合"，或者说资本主义的经济发展就是这种不断创新的结果；而这种"新组合"的目的是获得潜在的利润，即最大限度地获取超额利润。

熊彼特创新理论的主要内容有：①创新的内生性——创新是生产过程中内生的。②创新的革命性——创新是一种"革命性"变化。③创新对现实的扬弃——创新同时意味着毁灭。④创新的价值增值——创新必须能够创造出新的价值。⑤创新的企业家主导——创新的主体是企业家。

### （二）演化经济理论

演化经济思想的渊源可以追溯到马歇尔和熊彼特，而理论的奠基人是纳尔逊和温特。纳尔逊和温特在 1982 年合著的《经济过程的演化理论》一书中，对新古典经济学家提出的所谓"市场选择论"进行了颠覆性的、系统性的反驳。在他们看来，人们经济行为的演化是"惯例性"的，而不是新古典经济学所认为的理性选择，或是"市场自然选择"的结果。"演化"的进行，总是沿着惯性的方向，就像是人的基因控制人一样，而不是沿着所谓的理性思维的方向。演化经济理论用动态、演化分析方法观察经济发展进程，探索经济变迁和技术变迁的内在规律，认为惯例、新奇创新和对创新的模仿在经济演化中起着关键性作用。

于是，与主流经济学相比，演化经济学以适应行为（包括惯例和创新行为）代替了理性行为，以有序结构代替了均衡结构，以渐变和突变代替了静态不变，在理论上进行了重大突破。演化经济学体系以“新奇”为研究中心，强调经济的演化过程包含着持续的或周期性出现的创新，并由此产生和维持制度、规则、商品和技术的多样性。而且，该理论大量使用生物学隐喻，通过多样性原则、遗传原则和选择原则来界定演化过程，根据多样化、选择和变化的持续性，强调组织与环境共同演化现象。目前演化经济学主要涉及组织、技术和制度三个维度，并正逐渐扩张至主流经济学一直忽视的空间地理维度。

### （三）新熊彼特学派

新熊彼特理论是一门迅速发展起来的跨学科理论。在熊彼特创新理论之后，该理论的拥护者和追随者把“创新理论”发展成为当代西方经济学的另外两个分支——以技术变革和技术推广为对象的技术创新经济学、以制度变革和制度形成对象的制度创新经济学，从而形成了“新熊彼特学派”。具体而言，它主要吸取熊彼特创新理论、演化经济学、复杂性科学、系统理论等理论思想，突出量变到质变、动态非均衡以及产业经济分析。与传统的新古典经济学研究资源配置效率的视角相反，新熊彼特理论的视角是有限理性、创新机制、突破原有条件限制。其中，一方面格·门施（G.Mensch）等人的周期理论、克里斯·弗里曼（Chris Freeman）的技术创新政策体系和卡曼（A.K.karman）等的市场理论，是继承和发展熊彼特创新理论的几个具有代表性的技术创新理论。另一方面，美国经济学家兰斯·戴维斯（Lance E.Davis）和道格拉斯·诺思（D.North）继承了熊彼特的观点和方法，运用“制度创新”来解释美国等国的经济增长，是制度创新经济学的代表理论。

新熊彼特理论由经济的物质方面、经济的货币方面、公共部门这三大支柱构成。而一个国家和经济体的经济发展，在这三方面以共同演进方式、推进方式、阻碍方式甚至排斥方式发生。为了对共同演化关系进行分析，新熊彼特理论对三大支柱进行了明确定位，即它们的目标都指向未来，在开放性中具有不确定性。于是，这三大支柱之间的关系总是要以一个非决定性的方式推动或者阻碍整个经济体的发展。

## （四）国家创新系统理论

国家创新系统是指一个国家内各有关部门和机构间相互作用而形成的推动创新网络，是由经济和科技的组织机构组成的创新网络。作为国家创新系统理论，不只是强调技术创新，而且增加了知识和人力资本的作用。并且，该理论把生产、扩散和应用经济上有用的知识作为系统的功能，并且将系统的活动扩展至新知识、技能和新技术的创造、储存和转移等。

值得注意的是，正是国家创新系统的宽广内涵，使国家创新系统理论也不只是单一的技术创新理论，而且还涉及人力资本理论和新增长理论。因此，技术创新理论、人力资本理论和新增长理论成为国家创新系统的三大理论基础。按照该理论思想，国家创新系统有六个基本要素，即创新活动的行为主体、行为主体的内部运行机制、行为主体之间的联系、创新政策、市场环境和国际联系。而且，国家创新系统的主要功能是促进和进行新知识与新技术的生产、扩散和应用。具体地讲，国家创新系统具有创新活动的执行和评估、创新资源的供给和配置、创新制度与创新政策建设、创新基础设施建设等功能。

创新理论深刻解释了创新对经济社会发展的重要作用。在我们理解和分析经济社会发展的具体研究中，创新理论在如下几个方面呈现出理论的深刻性。第一，在经济发展研究中，重视动态因素影响的研究。创新理论强调“动态性”，通过对动态因素的研究来揭示整个社会动态发展的根源，从而获得如何保持经济社会长足发展的途径。第二，深化内生因素的研究，将内生因素作为经济发展的来源。创新理论总会对经济增长的内生因素加以研究，使相关分析更为深刻。第三，强调核心竞争优势的获取与保持。这是创新理论的精髓所在，从熊彼特创建该理论之初便被很好地继承下来。而且，正是这一点为创新成为社会发展实践操作中重要因素筑实了理论基础，为如何保持经济社会长足发展提供了有效途径。

## 第三节　会展业的相关概念

### 一、会展

会展的概念由来已久，关于其起源也众说纷纭，有“市集演变”说、“物物交换”说、“巫术礼仪与祭祀”说等。其中，比较典型的是“物物交换”说。其实中国古代的庙会就已经具有了会展的雏形，而且这种形式在当下中国部分乡村仍然存在，人们将物品拿到庙会等集中区域，然后根据所需进行物与物之间的相互交换，在这个过程中形成了“看”与“摆”的初级形式，展示自己的劳动成果，并加以分享，城市也在此基础上随之产生。伴随交易的进行，这种物物交换的形式逐渐扩大到精神和文化领域。

现代意义上的会展，是会议、展览（Exhibition，Trade Show，Exposition，Trade Fair 或 Trade Events 等）、大型活动等集体性的商业或非商业活动的简称。会展的概念分为内延和外延两方面。会展的内延概念是指在一定的狭义空间之内，既包含定期的也包含不定期的，既包含制度的也包含非制度的，以传输信息、相互交流为目的的社交性活动。而会展的外延概念则包括各类节日庆典活动的大小型会议、展销活动、各种类别的博览会等，围绕各种特定的主题、特定的人员集合在一起的交流活动。由其界定范围不难看出，狭义的会展仅指展览会和会议，而广义的会展则是会议、展览会、节事活动和各类产业、行业相关展览的总称。在范围和内容上，要比狭义会展更宽、更广。

我国学术界和企业界所理解的会展主要包括会议和展览，而且大多数城市则更加看重展览，如此一来，会展的产业内涵也就人为地变窄了（见图 2-1）。我国会议、节庆、体育赛事等活动领域的潜力还远未开发出来[①]。

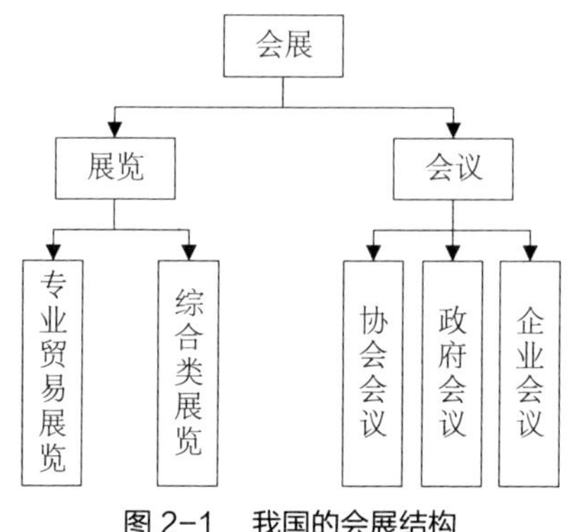


图 2-1　我国的会展结构

## 二、会展活动

会展活动是会议、展览、大型活动等集体性活动的简称。通常情况下，会展活动会在一定的地域空间内举行，围绕特定的会展主题，开展定期或不定期、制度或非制度的传递和交流信息的社会交流活动。其表现形式多种多样，如博览会、展览会、展销会、文化活动、节庆活动等。

本书认为，会展活动是指在固定的场合和空间内，由特定的成员参与并组织开展的集体性展示、贸易、交流活动。例如，昆明“世界园艺博览会”的成功召开，使其市政建设一步提前了 10 年；博鳌因为“亚洲经济论坛”，从一个不知名小渔港誉满全球；义乌由于“义博会”培育了中国最大的小商品产业集群；广州凭借“中国第一展”——“广交会”，有效地增强了广州市作为全国出口贸易中心的重要地位，为珠三角地区的经济发展和产业结构调整发挥着不可忽视的推动作用，有效地带动了相关产业的发展，促进了区域内不同生产要素的合理流动，进而实现了珠三角地区经济的协调进步和科学发展。

会展活动事件性的特点使会展产品不具连续性，会展活动之间没有必然的联系，导致了会展产业也有离散性的特点，不像其他一些产业那样具有投入产出的连续性，项目论证、策划是一次性的，投产后可连续多次使用。每一项会展活动都要经历设计、论证、规划、实施、事后处理、结果评价等不同的环节和步骤。会展活动的非

① 剧宇宏．我国会展业可持续发展研究［M］．北京：中国法制出版社，2014.

连续性对会展经济提出了两个很苛刻的要求，第一，会展经济必须不断创新，即使是同一命题的会展，也要不断创新会展理念、会展主题、会展内容、会展形式、会展组织管理。可以这样说，没有创新，会展经济就没有生命力。第二，在成功举办会展活动后，还需要对会展资源的再度利用进行考虑，避免出现不必要的浪费，实现循环经济。在一些地方，大型会议举办前，政府轰轰烈烈地推动城市基础设施的建设，政府、企业也对会展活动进行周密策划，却忽略会后会展资源的处置。如果会展业不能形成规模，没有大量的会展产品做储备，大型会展以后造成场馆、人才等资源的闲置，反过来可能给城市经济可持续发展带来负担。

## 三、会展产业

会展产业和会展行业是两个易混淆的概念。所谓产业，是指具有某种同类属性的经济活动的集合或系统。在传统社会主义经济学理论中，经济社会中专门生产物质产品的部门被称为产业。一般情况下，不同的行业所生产的产品都具有鲜明的特点。从特殊意义上来看，不同的行业作为单独的产业，所生产的商品具有专业化的特点，如交通运输业、服务业、轻工业等。综上所述，产业是一个明确的经济学概念，它的外延十分复杂、丰富。在形成产业的过程中，首先要满足以下条件：第一，存在足够数量的微观企业，这些企业为营利性组织；第二，经济总量的规模达到一定程度，在国民生产总值中所占的比重达到 2 个百分点以上；第三，产业链较为完善和稳定；第四，存在代表行业利益立场的产业协会。而行业则是指生产相同性质产品的劳动部门的集成，在对产业进行分类的过程中，行业是最为细致的一个层次。

基于此，会展产业是指通过大型国际会议、展览等活动的开展，进而带动地区交通、旅游、餐饮和相关服务业的一种新兴产业。其是由会展经济运动而引起的相互联系、相互作用、相互影响的同类企业的综合，是现代经济体系的有机组成部分，具有规模性、关联性、技术性、风险性和全球性等特点①。而国内有关会展经济的文献对会展产业和会展行业的概念并没有进行严格区分，一些学者认为，会展业是对会议行业和展览行业的总称，具体包括展览活动的组织主体、展览场馆的建设者和拥有者所开展的全部经济活动。作为现代经济体系的有机组成部分，会展产业的发展壮大，不

① 邹树梁．会展经济与管理［M］．北京：中国经济出版社，2008.

仅会壮大经济总规模，而且会通过会展业的关联带动效应促进国民经济结构和区域经济结构的调整。正是基于此，有人把会展经济看成城市经济的“晴雨表”，把会展产业的发达看成一国国民经济发展特别是第三产业发展的重要标志。

## 四、会展经济

从国内学者关于会展经济的各种界定来看，一些学者认为会展业实际上等同于会展经济。作为现代会展范畴的两个不同的内容，会展业和会展经济之间不能完全画等号。抛开学者关于会展经济的纷争，不难发现，不同学者都用近乎相近的一组词，如会议、展览、博览、带动相关产业发展、经济效益和社会效益等来描述会展经济。在综合学者对会展经济内涵界定的基础上，界定现代会展范畴，会展经济是会展活动发展到一定的历史阶段之后逐渐形成的以会展业为中心，以相关产业为依托的跨产业、跨区域的经济形态。具体是指利用会议、展览、事件性活动以及奖励会展等不同形式的交流活动，将资金、人员、资源、信息等集中在一起，对这些生产要素进行再配置，促进区域发展过程中不同产业的发展，进而产生良好的社会效益和经济效益。

综上所述，会展、会展业、会展经济三者之间是逐层递进，不断扩展形成的，是社会生产力不断发展的重要标志，也是经济发展到一定阶段的必然产物。依据上述概念的阐述，其基本反映了三者之间的层层包围和扩展的关系，涉及的主体和范围逐次增大，其影响和效应也在逐次增大（见图 2-2）。[①]

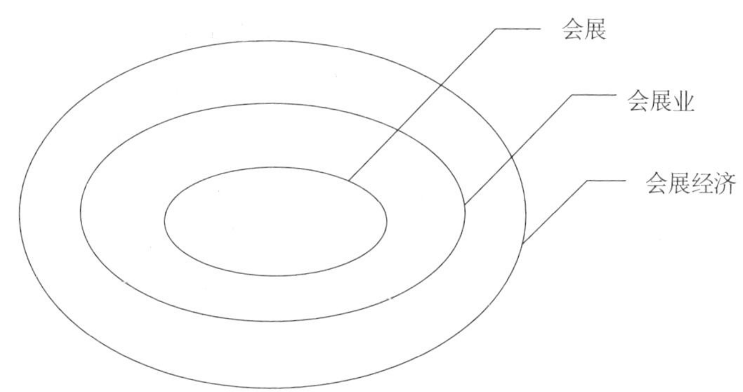


**图 2-2　会展、会展业、会展经济三者关系**

---

① 剧宇宏．我国会展业可持续发展研究［M］．北京：中国法制出版社，2014.

## 第四节　会展业的理论基础

### 一、马克思主义政治经济学的交换理论

亚当·斯密在《国富论》的“论分工的原由”章节中就已经指出了，分工是不以广大效用为目标的一种人类倾向所缓慢而逐渐造成的结果，这种倾向就是互通有无，物物交换，互相交易。[①] 指出了物物交换是在交换产品，而不是交换价值，也就是最初形式的会展。

马克思主义政治经济学的核心范畴在于交换，交换也是《资本论》研究的逻辑起点和贯穿始终的红线，是理解劳动价值和其他经济理论的基础。[②] 马克思主义政治经济学的研究对象是社会生产关系，包括生产、分配、交换、消费诸关系在内，马克思的交换理论为会展业的研究奠定了理论基础。马克思交换理论的核心观点主要体现在对生产和交换关系的把握上，即交换与生产的关系表现为生产决定交换，交换反过来又会影响和制约生产。[③]

马克思在《政治经济学批判》导言中就已经指出，如果没有分工，不论这种分工是自然发生的或者本身已经是历史的结果，也就没有交换。同时，他还认为，交换是实现社会再生产的条件，社会再生产过程表现为生产过程和交换过程的统一。由于社会分工，每个生产者生产的单一性和需要的多样性之间出现矛盾，导致每个生产者之间必须相互交换产品，才能满足各自的需求。并且，分工越细，

① 亚当·斯密．国富论［M］．郭大力，王亚南，译．北京：商务印书馆，2015.

② 周红梅，周宏伟．论马克思交换理论的战略意义［J］．江苏商论，2009（9）.

③ 黄玉姝．我国现代会展业的功能研究［D］．福州：福建师范大学，2011.

交换越频繁，交换的数量也就越大。而交换又是连接生产和消费的中介，在现实的社会经济运行过程中，交换与生产、分配和消费这些再生产其他环节之间存在着相互影响、相互作用的辩证统一关系。[①]

作为社会主义市场经济的产物，我国会展业是市场经济交换过程中的一个重要环节，会展业为交换提供了良好的平台，其实质就是一种交换经济。会展业能够为资本、技术、信息等的交流提供商务运作平台，为举办地城市带来人财物流和技术流等资源，带动当地社会经济发展的同时，也提升了会展举办地的知名度。而这一切均得益于社会分工的结果，特别是在市场经济发展不断完善的当前，现代会展业势必加速产品的流通。

## 二、Ap 的社会交换过程模型

1992 年，Ap 在其相关研究中[②]进一步推进了社会交换过程模型。图 2-3 对人类社会会展交换的环节和程序进行了说明，在会展交换的过程中，存在着交换关系、交换结果，不同个体的需求得到满足，在一系列过程的作用下，这些不同的部分连接在一起。图 2-3 中用箭头对这些不同的过程进行表示：①交换开始；②交换形成；③交换交易评估；④行为加强，对交换结果的消极评价会造成交换行为的终止，或交换数量的削减。

在社会交换过程模型中，假设在一次资源交换中卷入了不同社会参与者的社会关系，在社会关系中，社会参与者会对相互利益进行追逐（见图 2-3）。从居民的角度来看，提升社区经济水平是产生交换的重要动机，而居民对会展行业行为的预测表示了他们的态度。

---

① 中共中央马克思恩格斯列宁斯大林著作编译局．马克思恩格斯全集［M］．北京：人民出版社，2006.

② John Ap. Residents' perceptions on tourism impacts［J］.Annals of Tourism Research，1992，19（4）：665-690.

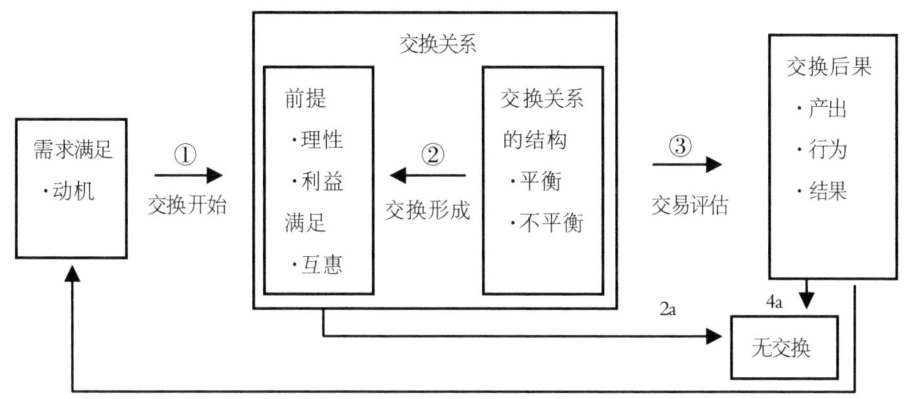


图 2-3　社会交换过程模型

当评估了参与者之间的交换交易后，交换后果可能被看成如下顺序：需求从交换中的产出；根据获取产量反应来决定参与者的行为；以及测量这些后果的心理学结果。根据社会交换理论，当地居民如果相信他们将获得利益，并且没有招致不可接受的成本，那么他们可能参与到一次与会展者的交换中。如果居民感知到会展业的积极影响比消极影响大，他们倾向于参与到交换中，并且因此支持未来在他们社区中的会展开发。

## 三、区位选择理论

在区域经济的研究领域中，区位理论占据重要地位，成为分析区域发展相关问题的重要指导。区位理论以人们活动的区域分布和结构优化为主要研究对象，将区位条件和经济活动的关系作为研究的重点。18 世纪下半叶，在资本主义发展的早期阶段，区位论思想就已经产生，在两个世纪多的发展历程中，从古典区位论演变为现代区位论。而现代区位论对会展经济产生的指导意义更高，现代区位论在对区域经济、产业结构等不同系统进行研究的过程中，充分考虑了不同的因素，并探讨不同因素之间的关系和作用，从而对人类社会生产过程中存在的问题进行解决。强调对有限区域资源和优势条件的利用，实现区域的进步与发展区位理论。认为规划、政策以及生产活动之间存在着不可取代的互动关系。随着国际范围内城市化进程的加快，工业化的规模不断扩大，现代区位理论以此为背景，以国民经济发展为重要目标，将区域的经济活动组织形态、产业布局作为重要研究内容。

会展行业包含了多样化的因素，难以对这些因素进行量化分析。通过现代区位论，能够对会展经济的发展起到良好的指导作用。目前我国在建设会展场馆的过程中，选址较为盲目，缺乏科学的建设方法，一些会展场馆年久失修，不再具备使用的价值。而部分会展活动由于地址选择的不恰当，导致经济效益较差，面临着倒闭的局面。现代会展区位的选择和空间规划影响着现代会展经济的发展程度，统筹化问题亟待解决。目前，现代区位论发展已经较为成熟，在实践过程中得到了运用，为我国会展业的发展提供了现实依据和理论参考。

## 四、增长极理论

法国经济学家弗朗索瓦·佩鲁提出了增长极理论，他指出：一个国家无法在现实中实现经济的平衡发展，这只能够作为一种美好的理想。经济增长以一个增长中心或若干个增长中心为起点，通过向其他部门的传导，实现区域经济的整体增长。增长极概念有两种不同的内涵：①从经济意义的角度来看，增长极具体是指某一类具有创新能力、关联效应较大、增长速度较快、发展空间较为广阔的推进型主导产业部门，这些产业部门能够带动其他部分的进步和发展。②从地理意义的角度来看，增长极具体只是某一个空间地位和地理区位，这些地区具有独特的优势，在扩散效应的作用下，能够推动区域整体经济的发展。产业部门必须要具备良好的创新实力，能够对周边环境产生良好的适应能力，并具备规模经济效应，在以上条件同时存在的前提下，增长极才能够形成。会展行业本身会产生较强的关联效应，带动其他产业的发展和周围区域的发展。在培养增长极的过程中，还需要对会展企业开展培育活动，提高会展行业的创新能力。

## 五、可持续发展理论

“可持续发展”概念原本来源于联合国教科文组织，它的含义是指在满足当代人生存需求的基础上，不对后代的生存需求满足产生威胁的发展；在经济结构优化与升级的过程中，又需要对自然进行保护，实现人的发展与自然环境的协调，保证世界经济的有序发展。可持续发展在几十年的发展过程中，理论不断得到更新和补充，并形成了完善的理论体系，基本内容主要包括：①遏制贫困问题，对资源的退化进行控制，同时开展社会经济、政治、文化等多方面体制的改革活动；②通过清洁生产，减轻经济活动对环境带来的破坏，需要资金的投入和技术的提高，并对环境影响程度进行科学评估；③控制人口增长的速度，遏制人口增长所带来的环境问题，减轻资源压力；④提高环境成本的内在优化程度，控制废弃物的排放，保证人的生活方式得以改变，减小对资源的浪费和对环境造成的污染。

可持续发展包含经济发展和环境保护两个不同的方面，但并不意味着可持续发展就是经济发展和环境保护的机械相加。可持续发展从更加深入的层次和角度对环境与发展问题进行科学的处理和解决，强调经济发展和经济环境的协调，通过人口、经济、环境等不同生产要素的协调发展和各自分工，解决人类的发展问题。在可持续发展战略下，才能够解决好环境保护与治理问题，才能够在最大限度内解决人类一切的发展瓶颈。在过去，人们主张先污染、再治理，分割了经济保护和环境保护。而在可持续发展理论提出并发展的过程中，人们对于经济发展和环境保护的认识达到了一个新的高度。

会展经济的成长性较强，能够对社会中其他产业产生良好的推动，对区域可持续发展战略的贯彻和落实有着良好的促进效果和推动作用，帮助对产业结果进行优化和升级，并减小对资源的浪费和污染，是可持续发展战略的重要环节。在对可持续发展进行研究的过程中，可以从区域会展经济的角度出发，在保证区域可持续发展的基础上，又要保证会展资源得到可持续利用，实现长远的进步和健康的成长。

## 第五节　会展活动操作实务

### 一、展前阶段

这个时期是展览会的准备阶段，也是非常关键的阶段。这个时期展览的组织和管理者大致要做以下几方面工作。

#### （一）展览项目策划

展览项目策划即提出展览设想。一个展览会的发起，都要对其内容、主题、时间、场地、合作伙伴以及目标客户等提前做出初步的构想和设计，然后进行研究讨论和市场调查。有时，也会先进行市场调查与分析，然后再根据市场需求提出展览设想，确定展览的内容、主题等因素。展览项目策划的流程大致包括：①研究市场需求；②设计展览项目；③目标市场分析；④写出项目策划文案。

#### （二）展览立项

展览项目的策划方案完成之后，就要对它进行可行性论证分析。对于展览活动而言，其技术可行性分析包括展品的安全保卫技术、展品展示技术，以及当地相关技术发展的配套等；其社会环境可行性论证是评估展览项目可能产生的生态影响及社会影响，如该展览是否与相关的政策法规有抵触，是否违背举办地的社会习俗，是否破坏当地的环境以及社会效益如何等；其财务可行性分析是评估该项目的财务情况，如项目的支出组成与数额、项目的收入构成与数额、项目的资本结构、自身能够承担的财务能力和融资能力、项目的投资回报率等。

与此同时，展览的组织者与管理者要积极寻求政府主管部门、权威协会或具有广泛影响力的行业媒体等单位的支持，寻找包括当地行业协会、主办单位的分支机构、行业权威机构甚至是海外的代理机构（国际展）等单位进行合作，以增强展览会的影响力和权威性，同时降低招展成本。

当这一切工作圆满完成之后，就可以将展览项目的最终策划方案报请有关部门批准，然后正式立项，进入运作实施阶段。

### （三）展前运作实施

展览一经立项，就进入了具体的运作实施阶段。这个阶段，组织者和管理者的主要工作包括制订项目实施计划、成立筹备班底、落实展出场地、进行广告宣传、招展和招商、进行物流管理以及监督布展等。

## 二、展出阶段

展出阶段是展览会经过周密的准备之后正式对外展出的阶段。这个阶段，展览的组织者与管理者需要举行开幕式，进行现场管理、安全管理、后勤服务，还要处理突发事件等。

### （一）举行开幕式

举行开幕式的目的是制造热烈的气氛，以引起人们的重视，扩大社会影响。展览会的开幕式往往是其组织者和管理者重点策划、实施的重头戏。开幕式的程序一般是由主持人宣布开幕仪式开始，主宾按顺序发言致辞、剪彩和参观展览。隆重的开幕式还有表演、燃放烟花等节目。

### （二）现场管理

展览会开幕之后，展览会的组织与管理者要对展出现场进行严密管理，如监督各方面人员是否按时到位、巡视各个展台的工作情况、检查展馆设备的运行情况、统计每天的交易情况、受理参展商及客户的各种咨询与投诉等，并将各种情况一一记录在案，以便随时进行总结分析，采取必要的工作调整。展览是展览会组织与管理者的现场管理活动，是维持展览会正常工作秩序、保证展览会顺利进行的重要保障。

### （三）安全管理

展览会的安全管理是指为保障展会中观众、展览会服务人员的生命、财产安全而进行的一系列管理活动，也是保证展览会顺利进行的重要因素。安全管理者最主要的职责是要建立一整套严密、有效的展览防护系统及保卫措施。其中包括对展品的安全保障系统、对人员的安全检查系统，以及对展馆、设备的保护措施等。安全管理应本着预防为主的基本原则，健全制度，落实责任，群防群治，防患于未然。

### （四）后勤服务

为了保证展览会的顺利进行，其组织者与管理者还应采取各种管理措施，在维护展馆的交通秩序、提供餐饮场所、保持会场的环境卫生等方面提高服务质量和服务效率，以保证展览会具备完善、高效的后勤服务。

### （五）处理突发事件

展览会是参与人员众多、程序复杂的大型活动，很可能出现一些诸如火灾、展品被盗窃、人员拥堵等突发事件。虽然这些突发事件事先无法预料，但展览会的组织者与管理者必须提前建立相应的预警机制和应急预案，以便在事件发生时能够迅速做出反应，实施行动，从而将事件的危险性化解到最低限度。

## 三、展后阶段

展后阶段即展览会闭幕之后的时期。展览会闭幕虽然标志着展览会的结束，但并不意味着展览管理工作的结束。展览会的组织者与管理者还要负责组织撤展、评估总结、展后跟踪等后续工作。

### （一）组织撤展

展览会结束后，各参展商都要进行展品、展具的撤展工作。这时，展览会的组织者与管理者要安排、协助参展商完成展台的拆除、展品的回运等任务，为参展商提供一以贯之的周到服务。

### （二）评估总结

展览会结束后，及时对其进行评估总结是非常必要的。因为这不仅是对刚刚结束的展会的回顾与审视，其积累的经验教训更是对下一次展会的借鉴。因此，展览会的组织者与管理者要认真分析展览的全过程和取得的成果，对其成功之处进行细致总结，对其不足予以重点研究，以便将来更好地开展管理工作，避免重蹈覆辙。

展览的组织者与管理者或参展商如果觉得展出效果好，还可以举行记者招待会，发新闻通讯稿，介绍展出结果，报道展览盛况，进一步扩大展览会的影响。

### （三）展后跟踪

展览会上的交易成果需要在会后逐渐兑现，展会的社会效益也只有在会后才能渐渐地显现出来。因此，展览组织者与管理者还需进行展后跟踪工作。这些工作包括定期了解展览会交易成果的兑现进程、跟踪参展商参展后的产值与利润增长情况、关注展览会对相关产业的带动情况、观察展览会给当地产业发展带来的影响等。对这些情况的跟踪与搜集，有助于展览会的组织者与管理者更好地举办新一届展览会。

第三章

# 中国会展业的发展进程

本章着重梳理了中国会展业的发展历程，认清中国会展业的发展现状，找寻发展中存在的问题，对于未来中国会展业的发展具有重要作用。本章将重点梳理中国会展业的历史沿革，并就 2015 年中国会展业现状加以阐述。

## 第一节　会展业在中国的发展现状

### 一、中国会展业的起源

中国会展业的历史沿革可以分为传统会展和现代会展两大类。传统会展，即古代具有会展形式和实质内容的会展业，可以追溯至殷周时期的集市；而现代意义上的会展则主要侧重于新中国成立以后的会展发展。本章将更加关注现代意义上的会展，意在通过理顺现代会展的发展脉络，明晰中国会展的起源及未来趋势，查找与世界发达国家会展业之间的差距。

#### （一）传统会展

从形式上看，原始社会时期的物物交换可以看作会展的最早萌芽，随着社会经济的发展和社会分工的不断扩大，由于剩余产品越来越丰富，偶然性的交换必然逐渐发展成为有固定时间、固定地点的物物交换，于是传统形式的会展——集市就产生了。事实上，集市和展览会的拉丁文名称在古代都是“fair”，这说明在很早的时候，人们实际上把会展和集市看成一回事。据 1710 年出版的《市场与展览概述》（*Description of Market and Fari*）记载，欧洲的集市最早出现在希腊，它一开始是用来交换、买卖奴隶的，早期的希腊集市大都是一年一次，有时甚至两年一次。自古代奥运会（公元前 776 年）于希腊的奥林匹亚举行以来，希腊有了产品交换的集市。

在中国，集市形成于殷、周时期，在唐宋时期得到了蓬勃发展。在古代城邑里，集市一般称为“市”，它为产品提供展示的场地，为产品的供需双方提供沟通交流的平台，以促成产品的交换。除了集市外，还有一种并存城乡的定期集市——

庙会，庙会实质上是因宗教事件而在宗教场所举办、发展起来的特殊集市。另外，中国历史上还有专为不同国家之间、不同民族之间开展产品交易而设的市场，即互市，也称通关市、榷场。

从会展的渊源来看，会展是社会生产力发展的产物，是应人们的产品交换、人际沟通交流的需求而产生的。如果把工业革命前的集市统称为传统会展，那么传统会展主要为交易、人际交流提供一个平台，它是被动地适应生产力的发展，对社会生产很少主动地施加影响。和现代的会展相比，传统会展的手段、表现形式、会展和其他社会生产生活活动的关联等方面都存在着很大的差异。

### （二）现代会展

现代会展是科学技术、生产力水平、社会分工以及市场经济发展到一定阶段的产物。随着工业化的进程加快，科学技术不断发展，社会产品极大丰富，交通运输明显改善，商品的跨区域贸易对信息交流、营销方式、交易内容和速度提出了更新更高的要求，促使传统会展从单纯市场性的集市向融市场性和工业性为一体的现代会展转变，样品博览会、工业博览会等新型会展逐渐产生和发展。随着现代信息技术的推广和应用，会展内容、形式、组织等方面得到极大的提升，会展逐渐成为连接生产和消费的重要桥梁，对社会生产施加以主动的影响，成为推动生产发展、引导社会消费的重要的途径。现代会展在我国的发展主要经历了以下三个阶段。

#### 1. 中国会展业的萌芽期

新中国成立至改革开放前（1949—1978 年）：新中国成立之后，现代会展在 20 世纪 50 年代曾经有过短暂的发展，以 1952 年 5 月中国贸促会的成立为代表性事件。1951 年 3 月，中国参加了民主德国莱比锡博览会，这是新中国第一次参与国外会展；1955 年 10 月，为举办苏联建设成就展览会，中国由北京、上海、广州和武汉四城市共同建设了“苏联展览馆”，这是中国正式兴建的大型会展建筑物；1957 年 4 月，中国首届出口商品交易会（广交会）正式举办，这也标志着“中国第一展”启动，并对全世界发出邀请。在这一时期内，我国境内举办的展览基本都是以宣传展为主，且多为对外交往的需要，展览的经济效益并没有很好地得到体现，例如上海工业展览会、全国农业成就展览会、广交会等。一批大型会展场馆，如北京全国农业展览馆、上海展览中心、广州中国出口商品交易会馆、武汉中苏友好大厦（展览馆）等也在这一时期落成，展览会的发展也培养、壮大了我国第一批会展专业人才队伍。

2. 中国会展业的发展期

改革开放初期至20世纪末（1978—1999年）：在这一时期，我国的宣传展逐步发展成为经贸展，中国国际贸易促进会顺应改革开放的潮流和需要，不但积极引导中国公司开拓国外市场，而且开始举办综合性、专业性的国际国内贸易、技术展。1985年，北京举办了新中国自成立以来的第一个较正规的国际贸易展览会——亚太贸易博览会；1995年，北京举行了第四次世界妇女大会；1999年，云南昆明举办了第十四届世界园艺博览会。世博会是我国现代会展的一个标志性事件，它标志着我国已经具备举办世界一流商贸会展活动的能力。这一时期内，尽管我国会展业发展迅猛，初见规模，但是尚未制定国家层面的会展法律法规，全国性的会展业行业协会也未成立，会展业的蓬勃发展中存在着一定的混乱。

3. 中国会展业的成熟期

2000年至今：2000年以来，我国会展业已经渗透至各个经济领域，从机械、电子、汽车、建筑到纺织、花卉、食品、家具，各行各业都有国际专业展，同时也逐渐形成了北京、上海、广州等全国性质的会展中心城市。在这期间，我国相继举行了一些具有世界影响力的大型会议、展览，如2001年的上海APCE会议、2001亚洲博鳌论坛等。一批重大的国际会事，如2008北京夏季奥运会、2010上海世界博览会等也陆续在我国举办。一批知名会展品牌，如广交会、深圳高交会、天交会等逐步形成；北京、上海、广州、成都等大城市逐渐成为成熟的全国性或区域性会展中心，一批高档次的会展场馆也开始在这些地区纷纷建立，会展业的发展逐步得到地方政府的高度重视，会展在社会经济中的作用日益凸显。同时，会展业也迎来了发展的机遇期，受到国家高层关注。《国民经济和社会发展第十一个五年规划纲要》中明确指出，要“合理规划展览布局，发展会展业”。从而，会展业作为国民经济发展的一项重要任务首次写入五年规划。

## 二、中国会展业的发展现状

近年来，我国会展业发展迅速，产业规模不断扩大，经济效益逐年攀升，场馆及配套设施建设日趋完善。会展业已逐步成为国民经济发展的助推器和对外政治、外交、经贸、文化交流的大舞台。会展业的社会贡献度逐渐显现，成为促进经济增长的重要引擎。

### （一）总体发展形势

据商务部统计数据显示，进入 21 世纪以来，中国会展业（展览、会议）规模呈现逐年增长态势，无论是展览场数、展出面积，还是会议举办次数均呈递增趋势。2010 年，中国展览场数为 6200 场，展出面积为 7440 万平方米，而 2017 年，展览场数增长为 11232 场，增长了 81.16%；展出面积也增长为 14594 万平方米，增长了 96.16%。其中，2013 年全国展览会展出面积达到 10344 万平方米，首次突破了 1 亿平方米大关，成为展览发展史上具有重要意义的一年（见表 3-1）。展览场次的增加带动了地区经济发展，提升了地区对外交流水平，中国会展业整体发展态势向好。

**表 3-1　2010—2017 年全国展览业展出场数和展出面积数据**

| 年份 | 展览场数（场） | 展出面积（万平方米） |
| --- | --- | --- |
| 2010 | 6200 | 7440 |
| 2011 | 6830 | 8120 |
| 2012 | 7813 | 9098 |
| 2013 | 7851 | 10344 |
| 2014 | 8592 | 11047 |
| 2015 | 9505 | 11907 |
| 2016 | 10317 | 13040 |
| 2017 | 11232 | 14594 |

从全国举办会议次数指标来看，据商务部统计数据显示，2010 年以来全国会议举办次数增长较快，增幅较大。2010 年，全国举办会议次数 53 万场，2017 年增长为 110 万场，提高了 107.54 个百分点（见表 3-2）。通过举办会议，扩大了交流范围，提升了地区发展层次。

**表 3-2　2010—2017 年全国举办会议场次比较**

| 年份 | 会议数量（万场） |
|---|---|
| 2010 | 53 |
| 2011 | 64.2 |
| 2012 | 72.6 |
| 2013 | 76.5 |
| 2014 | 81.2 |
| 2015 | 86.5 |
| 2016 | 93 |
| 2017 | 110 |

就中国会展业直接收入而言，2010 年以来，会展业直接收入逐年递增。2010 年，全国会展业直接收入为 2482 亿元，而 2017 年达到 5951 亿元，增长了 139.77%。会展业直接收入呈现出与我国经济发展的趋同态势。2013 年以来，经济发展进入"新常态"，经济发展速度由高速转为中高速发展，增速有所放缓，就会展业直接收入占 GDP 的比重、占第三产业的比重来看，会展业直接收入在 2013 年出现了降低趋势，2012 年，会展直接收入占 GDP 的比重为 0.69%，而 2013 年则降为 0.67%，同样，会展直接收入占第三产业的比重也由 2012 年的 0.69% 降为 2013 年的 0.67%，2014 年，两项比重分别下降为 0.64% 和 1.33%。2015 年，两项比重分别为 0.64% 和 1.28%。2016 年，两项比重分别为 0.68% 和 1.32%。2017 年，两项比重分别为 0.72% 和 1.39%。就总体发展而言，会展业在整个国民经济发展中所占的比重较低，未来对第三产业的影响和带动仍有很大的潜力。

中国会展业在历经几十年发展之后，会展规模和会展层次均表现出良好的增长态势。为了继续扩大影响，提高对外影响力和国际化水平，争取更多的国际话语权，中国会展不断走出国门，加强与国际其他国家的合作展览机会。就会展出国展面积指标来看，2010 年，全国出国展面积为 51.8 万平方米，而 2017 年，该指标达到了 84.98 万平方米，增长了 64.05%。表现出稳健增长的态势。

会展业不仅能够带动地区经济增长，而且还可以向社会提供更多就业机会，支持地方社会发展。2010 年，中国会展业带动 1900 万人次就业，2014 年，该指标达到 1963 万人次，增长了 3.32 个百分点（见图 3-1）。

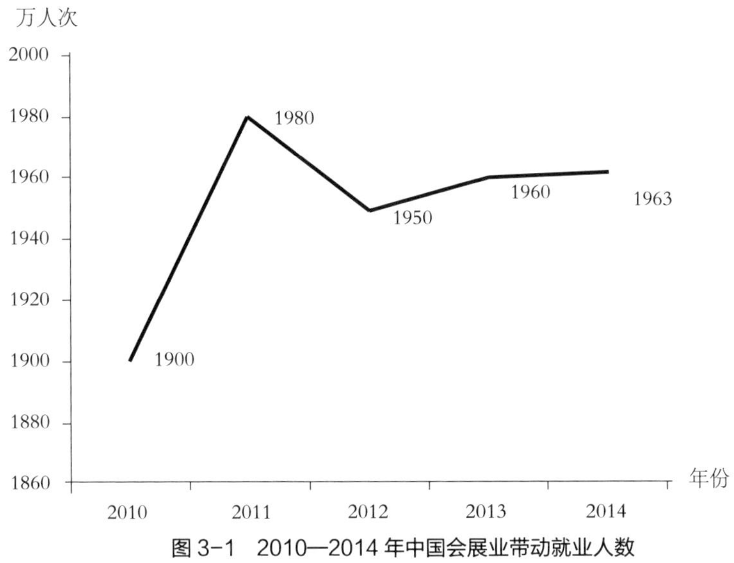


图 3-1　2010—2014 年中国会展业带动就业人数

## （二）会展经济带发展形势

从区域分布来看，中国会展业已经基本形成了五大会展经济带，即环渤海会展经济带（见表 3-3）、长三角会展经济带、珠三角会展经济带、东北会展经济带和中西部会展经济带，这些会展经济产业带和会展中心城市通过进行准确的功能定位，逐渐形成了相互协调、各具特色、梯次发展的互动式会展经济发展格局。

表 3-3　2017 年环渤海会展经济带举办展会统计

| 地区、项目 | 北京 | 天津 | 河北 | 总计 |
|---|---|---|---|---|
| 展览数量（场） | 790 | 139 | 286 | 1215 |
| 展览面积（万平方米） | 610 | 232 | 287 | 1129 |

长三角会展经济带以上海市为中心，逐渐形成了以南京、杭州、宁波、苏州等城市为依托的会展产业带。该产业经济带起点高、政府支持力度大、规划布局合理、贸易色彩浓厚、产业结构影响大、发展潜力巨大。2017 年，仅上海市、浙江省、江苏省三省市就举办 2930 场次展览，展览面积达到 3738 万平方米（见表 3-4），在所有会展经济带中表现最突出。

表 3-4　2017 年长三角会展经济带举办展会统计

| 地区、项目 | 上海 | 浙江 | 江苏 | 总计 |
| --- | --- | --- | --- | --- |
| 展览数量（场） | 767 | 951 | 1212 | 2930 |
| 展览面积（万平方米） | 1689 | 943 | 1106 | 3738 |

珠三角会展经济带以广东省为中心，以广交会为助推器，以深圳、珠海、厦门、东莞等会展城市群为依托，形成了国际化和现代化程度高、会展产业结构特色突出、会展地域及产业分布密集的会展经济带。2017 年，珠三角会展经济带共举办 926 场展览会，展览面积达到 2559 万平方米（见表 3-5），其中，由于广东省会展业兴起时间较早，积累了较多经验，因此，占据了整个珠三角会展经济带的主要位置，表现最为突出。

表 3-5　2017 年珠三角会展经济带举办展会统计

| 地区、项目 | 广东 | 福建 | 海南 | 总计 |
| --- | --- | --- | --- | --- |
| 展览数量（场） | 638 | 254 | 34 | 926 |
| 展览面积（万平方米） | 2039 | 440 | 8 | 2559 |

东北会展经济带是以大连为中心，以沈阳、长春等城市为重点的会展经济带，依托东北工业基地的产业优势及东北亚的区位优势，形成了长春的汽博会、沈阳的制博会、大连的服装展等品牌展会。2017 年，东北会展经济带共举办 1120 场展览，面积达到 1386 万平方米（见表 3-6）。其中，辽宁省举办展览场数的数量居首，是东北三省中会展规模和展览面积最大的省份，带动了整个东北地区会展业的发展。

表 3-6　2017 年东北会展经济带举办展会统计

| 地区、项目 | 黑龙江 | 吉林 | 辽宁 | 内蒙古 | 总计 |
| --- | --- | --- | --- | --- | --- |
| 展览数量（场） | 44 | 163 | 784 | 129 | 1120 |
| 展览面积（万平方米） | 214 | 311 | 728 | 133 | 1386 |

中西部会展经济带是以武汉、成都为中心，以重庆、西安等城市为重点的会展经济带，通过不断发展，现已形成了武汉的华中国际汽车展、武汉光博会、成

都的西部国际展览会、绵阳的科博会、重庆的高交会、西安的东西部洽谈会等品牌展会。2017 年，中西部会展经济带共举办 2099 场展览，面积达到 2614 万平方米，其中四川省以 784 场展览居中西部地区首位，其次为重庆市（见表 3–7）。

**表 3–7　2017 年中西部会展经济带举办展会统计**

| 地区、项目 | 四川 | 重庆 | 陕西 | 河南 | 青海 | 宁夏 | 甘肃 | 新疆 | 总计 |
|---|---|---|---|---|---|---|---|---|---|
| 展览数量（场） | 784 | 496 | 232 | 396 | 22 | 40 | 92 | 37 | 2099 |
| 展览面积(万平方米) | 845 | 877 | 283 | 391 | 35 | 47 | 70 | 66 | 2614 |

（三）省（直辖市、自治区）发展形势

根据商务部统计数据显示，2017 年，全国共举办会展场次 11232 场，比 2016 年增加了 8.9%；展览面积达到 14594 万平方米，比 2016 年增加了 11.9%。表 3–8 清晰地反映了该年度全国 30 个省、自治区、直辖市（港澳台除外）的会展业发展情况。其中，广东省共举办 2039 场展览，为全国举办次数最多的省份，上海市、山东省分别以 1689 场、1132 场位居第二、三位。全年举办展览次数在 500 场以上的省份共 9 个，举办展览场数占总场数的 68.3%。其中，东部地区占据 7 席，西部地区重庆市和四川省年举办场次在 500 场以上，分别为 877 场和 845 场。相比之下，青海省本年度举办次数最少，仅为 35 场，是广东省的 1.71%。全年低于 100 场次的省份共 5 个，举办展览场数占总场数的 2.04%。其中除海南省以外，其余 4 省份均属于西部地区（见表 3–8）。

**表 3–8　2017、2016 年全国各省市办展数量和办展面积数据比较**

| 地区、项目 | 2017 年 | | 2016 年 | |
|---|---|---|---|---|
| | 办展面积（万平方米） | 办展数量（场） | 办展面积（万平方米） | 办展数量（场） |
| 广东省 | 2039 | 638 | 1774 | 850 |
| 上海市 | 1689 | 767 | 1605 | 816 |
| 山东省 | 1132 | 930 | 1033 | 862 |
| 江苏省 | 1106 | 1212 | 962 | 966 |
| 浙江省 | 943 | 951 | 930 | 829 |

续表

| 地区、项目 | 2017年 | | 2016年 | |
|---|---|---|---|---|
| | 办展面积（万平方米） | 办展数量（场） | 办展面积（万平方米） | 办展数量（场） |
| 重庆市 | 877 | 496 | 788 | 597 |
| 四川省 | 845 | 784 | 726 | 685 |
| 辽宁省 | 728 | 784 | 637 | 709 |
| 北京市 | 610 | 790 | 867 | 670 |
| 福建省 | 440 | 254 | 327 | 257 |
| 河南省 | 391 | 396 | 355 | 373 |
| 云南省 | 355 | 281 | 150 | 99 |
| 江西省 | 350 | 470 | 230 | 181 |
| 湖北省 | 330 | 319 | 267 | 294 |
| 吉林省 | 311 | 163 | 217 | 164 |
| 河北省 | 287 | 286 | 276 | 281 |
| 陕西省 | 283 | 232 | 270 | 185 |
| 湖南省 | 275 | 226 | 232 | 210 |
| 安徽省 | 263 | 311 | 242 | 263 |
| 天津市 | 232 | 139 | 191 | 127 |
| 黑龙江省 | 214 | 44 | 171 | 49 |
| 广西壮族自治区 | 190 | 148 | 111 | 157 |
| 贵州省 | 151 | 114 | 146 | 150 |
| 内蒙古自治区 | 133 | 129 | 188 | 181 |
| 山西省 | 122 | 143 | 96 | 129 |
| 海南省 | 80 | 34 | 65 | 61 |
| 甘肃省 | 70 | 92 | 62 | 84 |
| 新疆维吾尔自治区 | 66 | 37 | 95 | 56 |
| 宁夏回族自治区 | 47 | 40 | 43 | 41 |
| 青海省 | 35 | 22 | 34 | 23 |
| 总计 | 14594 | 11232 | 10317 | 13040 |

2017 年，广东、上海、山东、江苏四省市的展览数量与面积增长幅度较大，共举办展览 3547 场，占全国展览数量的 31.57%；展览面积为 5966 万平方米，占全国展览面积的 40.87%，特别是 2014 年启用上海虹桥新展馆以来，增速加快，上海展览面积全年已突破 1500 万平方米，已达 1689 万平方米。

据数据分析，2017 年展览面积超 500 万平方米的会展城市有北京、上海、广州、重庆，共举办展览 2286 场，占全国展览项目总数的 20.4%，展览面积为 4198 万平方米，占全国展览面积的 28.8%（见表 3–9）。

**表 3–9　2017 年展览面积超 500 万平方米的会展城市举办展览会情况**

| 项目、地区 | 北京 | 上海 | 广州 | 重庆 | 总计 |
|---|---|---|---|---|---|
| 展览数量（场） | 790 | 767 | 233 | 496 | 2286 |
| 展览面积（万平方米） | 610 | 1689 | 1022 | 877 | 4198 |

2017 年，展览面积超过 200 万平方米的 19 个城市共举办展览项目 4058 场，占全国展览项目总数的 36.1%；展览面积为 5667 万平方米，占全国展览总面积的 38.83%（见表 3–10）。

**表 3–10　2017 年超过 200 万平方米展览面积的城市举办展览会情况**

| 地区、项目 | 展览数量（场） | 展览面积（万平方米） |
|---|---|---|
| 厦门 | 205 | 219 |
| 东莞 | 64 | 300 |
| 成都 | 207 | 366 |
| 沈阳 | 405 | 410 |
| 武汉 | 313 | 299 |
| 青岛 | 239 | 345 |
| 深圳 | 114 | 325 |
| 长沙 | 217 | 250 |
| 西安 | 199 | 280 |
| 南京 | 509 | 487 |
| 杭州 | 310 | 312 |

续表

| 地区、项目 | 展览数量（场） | 展览面积（万平方米） |
|---|---|---|
| 天津 | 139 | 232 |
| 昆明 | 149 | 292 |
| 郑州 | 237 | 258 |
| 宁波 | 190 | 210 |
| 长春 | 148 | 271 |
| 济南 | 167 | 295 |
| 南昌 | 98 | 245 |
| 长春 | 148 | 271 |
| 合计 | 4058 | 5667 |

2017 年，全国举办展览面积在 100 万平方米以上的 8 个会展城市共举办展览项目 856 场，占全国展览项目总数的 7.6%；展览面积为 1279 万平方米，占全国展览总面积的 8.8%（见表 3-11）。

**表 3-11　2017 年超过 100 万平方米展览面积的城市举办展览会情况**

| 地区、项目 | 展览数量（场） | 展览面积（万平方米） |
|---|---|---|
| 哈尔滨 | 38 | 196 |
| 合肥 | 192 | 198 |
| 贵阳 | 114 | 151 |
| 大连 | 139 | 122 |
| 潍坊 | 80 | 185 |
| 苏州 | 168 | 147 |
| 临沂 | 88 | 176 |
| 福州 | 37 | 104 |
| 总计 | 856 | 1279 |

2017 年，全国展览面积在 50 万平方米以上的 21 个会展城市共举办展览项目 1283 场，占全国展览总数的 11.4%；展览面积为 1634 万平方米，占全国展览总面积的 11.2%（见表 3-12）。

**表 3-12 2017 年超过 50 万平方米展览面积的城市举办展览会情况**

| 地区 | 展览数量（场） | 展览面积（万平方米） |
|---|---|---|
| 洛阳 | 68 | 43 |
| 昆明 | 59 | 97 |
| 呼和浩特 | 60 | 78 |
| 太原 | 124 | 97 |
| 乌鲁木齐 | 36 | 62 |
| 无锡 | 83 | 93 |
| 义乌 | 35 | 80 |
| 中山 | 83 | 90 |
| 南宁 | 57 | 74 |
| 廊坊 | 78 | 95 |
| 桂林 | 69 | 93 |
| 昆山 | 63 | 74 |
| 海口 | 34 | 80 |
| 佛山 | 28 | 62 |
| 绵阳 | 69 | 71 |
| 泸州 | 39 | 75 |
| 兰州 | 92 | 70 |
| 温州 | 51 | 62 |
| 锦州 | 61 | 62 |
| 石家庄 | 93 | 85 |
| 南安 | 1 | 91 |
| 总计 | 1283 | 1634 |

我国会展经济经过 30 多年的发展，从沿海发达地区逐步向中西部发展，从环渤海、长三角、珠三角三个会展圈向东北、中部、西部三个区域扩展，全国基本已形成六个会展经济圈。

对 2017 年展会的类型进行分析，结果发现有 60% 以上为经济贸易类展会，有 27% 为消费类展览会，而仅有 10% 为文化类展示会，其中消费类展会比 2016 年增加了 3 个百分点。从组展主体的角度来看，民营企业所占比重高达 34%，而国有、股份、集体经济所占的比重为 25%，行业协会占 26%，有 10% 为政府单位。2014 年的组展格局有所变化，民营企业发展较快，增长了 8 个百分点，政府事业单位则下降了 4 个百分点。

### （四）UFI 认证情况

国际展览联盟（Union of International Fairs，UFI）是迄今为止世界展览业最重要的国际性组织。随着中国会展业市场化步伐的加快，企业和行业协会举办的专业展览已成为行业主流。中国会展业参与 UFI 认证的展览会数量也呈现逐年递增态势，2013 年，UFI 中国会员数仅为 84 个，2014 年增加了 2 个，为 86 个，而 2015 年，达到 95 个，较 2013 年提高了 13.1 个百分点。由此表明，中国会展业正在不断得到世界展览联盟的认可，对外影响力和知名度有明显提升（见图 3-2）。

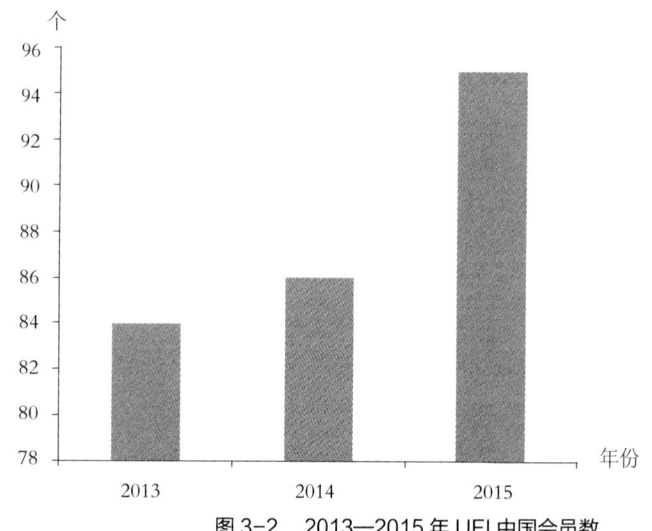


图 3-2　2013—2015 年 UFI 中国会员数

数据来源：《2015 中国会展行业发展报告》。

就 2015 年来看，获得 UFI 中国会员认证数量排名前十的省市分别为北京市、广东省、上海市、浙江省、山东省、四川省、河南省、重庆市、江苏省和福建省。而北京市、广东省和上海市的数量分别为 29 个、24 个和 22 个，共计 75 个，占本年度认证总数的 78.95%，占据了绝大部分，表明上述三省市在会展业发展方面遥遥领先于全国其他省份。而浙江省以 5 个、山东省以 3 个的数量紧随其后（见图 3-3）。

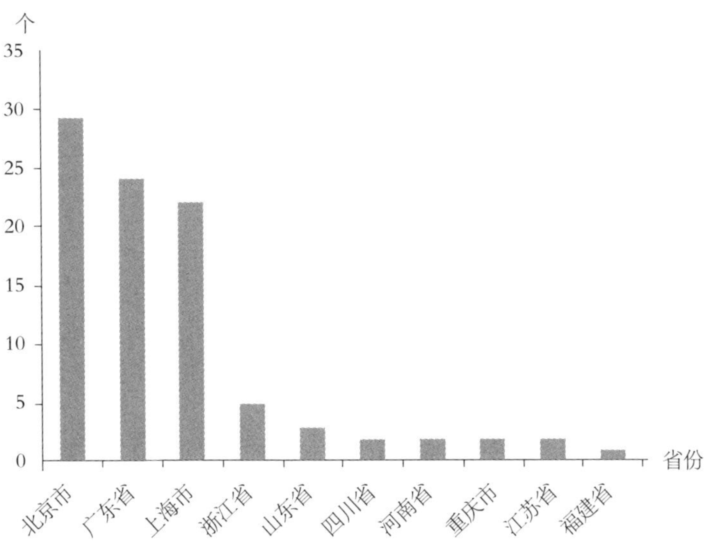


图 3-3　2015 年 UFI 中国会员数量前十省市

**数据来源**：《2015 中国会展行业发展报告》。

## 第二节　中国会展业发展趋势

中国会展业在快速发展的同时，还存在着明显不足，与发达国家相比，还有一定差距。2015 年以来，中国会展业经济发展进入“新常态”，探索未来发展的道路，总体来说，中国会展业发展趋势主要体现在以下方面。

### 一、产业融合将进一步创新发展

近年来，会展业的创新模式正在不断涌现，会展业与电子商务、文创产业、体育产业的融合为会展业转型升级、创新发展带来了新机遇。例如，会展业与会展业的结合，使会展类展会和会奖会展成为会展业和会展业的共赢平台。会展业与会展业互相渗透，资源共享，平台共建，携手发展。会展业与文化产业的融合和交互，使文化产业呈现出勃勃生机，使文化会展业成为“十三五”规划中的热点之一。当前各类动漫展的办展热潮，正体现了文化创意产业与会展业的共赢发展趋势。

会展业的产业融合还表现在会展业越来越成为国内各级政府、各类社会组织和各行各业、各类企业宣传自我品牌、提高自我形象的重要途径和形式，越来越成为社会大众乐于接受、喜闻乐见的重要平台和载体。全国各地各类节事节庆活动的创意举办，各式各类国际文化、体育活动、赛事的举办，人民群众日益提高的对精神文明和文化娱乐活动的内在要求和迫切愿望，也为会展业日益与人民群众的衣食文化、社会消费相互融合提供了广阔的发展前景。

## 二、绿色会展将成为发展趋势

近些年来，会展业在各个地区经济发展过程中起到的推动作用日益明显。目前，国内外的业界人士和学者针对会展发展模式进行了系统的研究和深入的探索，而绿色会展将成为未来会展业的发展方向和演变趋势。目前展览搭建工程行业中，所选择的材料多为一次性材料，在施工现场暴露出大量的问题。首先是污染问题，在现场制作加工的过程中，产生的废弃物、对木材的消耗等均对环境带来了一定的破坏；其次为安全问题，木质材料的使用，不可避免地存在安全隐患。而绿色展览的理念得到了业界的共同认可，要求减少展览材料，控制对环境造成的破坏，最大限度地减少现场的废弃物。要求新材料能够循环利用，最好能够重新回收进行再生产。绿色环保是中国展览工程发展史上的一场革命，如今的展览工程企业正在从随意制作转变到标准化制作（数字模式、积木式）；从一次性使用转变到重复性使用（提高使用价值，节省资源）；从污染环境转变到绿色环保（构建展览绿色环境，保护参展人员健康）。

会展是产业发展的平台和驱动力，未来，绿色会展将成为展会的必然方向，在绿色会展业规模不断扩大的过程中，将会对全人类的生活方式和行为产生极其深远的影响。绿色会展能够有效地保护地球环境，促进人类社会的可持续发展。在会展产业链中，要控制污染物的排放，通过循环经济、低碳经济，实现经济发展的同时，保护好生态环境。

中国经济的持续、健康、稳定发展，既对会展业提出了更高的要求，也将为会展业发展提供良好的基础条件。中国有实力雄厚的制造业、世界领先的对外贸易总量和日益增长的消费需求。展望未来，中国会展业成长空间可观，发展前景广阔。这是全国会展界和国际会展界的共同机遇。建议国家间开展更加广泛和深入的国际交流，探讨与重点国家建立政府间合作机制，在信息、统计、标准、人员培训等方面进行深入合作。鼓励国外先进会展企业把先进的办展理念、管理经验、行业服务手段带到中国，支持国际优质品牌展会落户中国；引导有条件的中国自主品牌展会走出国门，以“中国展览”向世界推介“中国制造”，为世界提供“中国服务”。

## 三、专业展成为行业主流

政府、行业协会及各所有制企业在中国展览市场中各显其能，不同展会特色各异，企业型办展主体的数量丰富，但规模普遍较小，一般情况下，行业协会所举办的展会类型多为本行业展会，在多年发展和市场实践的过程中，展会规模有所提升，并在行业内具有较为良好的影响力；而政府所举办的展会类型多为综合性，其主要的目的是促进区域经济的发展。在会展业市场蓬勃发展的过程中，主要以企业专业展会和行业协会专业展会为主，为中国会展业的跨越式发展发挥了重要作用。

在社会主义市场经济蓬勃发展的过程中，我国综合国力得以提高，基础设施建设更加完善，中国会展经济在良好的基础条件和社会环境下得到了充分的发展空间，并成为现代服务业中的重要组成部分。

会展业作为新兴产业和绿色产业，对城市经济相关产业的带动作用是不可忽视的。会展经济对新兴产业群具有培育、拉动的作用，作为第三产业的重要组成部分，对工业、农业等一、二产业的发展也具有促进作用，能够为广告业、餐饮业、金融业创造更多的就业机会，并发展成为带动区域产业聚集的动力引擎。会展业能够有效提高区域产业的品牌效应和经济价值，并为以上产业带来可观的经济效益，推动区域经济的进步与繁荣。以上海、深圳等为代表的经济发达城市，通过举办大型展览、商业会议等产生了大量的经济收益，进而形成国内会展城市同国际会展城市、国内会展城市之间竞争的加剧。

近些年来，政府给予会展业大量的政策优惠和财政支持，然而，在经济全球化趋势不断加强的过程中，受到商品市场的变化、历史机遇的改变等因素的影响，中国会展业具有广阔发展前景的同时，也面临着前所未有的竞争。2010年，中国上海成功申请到了世界博览会的举办资格，吸引了大量国际客户对中国市场的注意力。但是，目前我国展览业相关产业发展相对落后，缺乏良好的市场开拓能力、健全的市场机制，发展受到了严重的阻碍。要想提高我国会展业在国际市场中的综合实力，就必须要重视市场所发挥的作用，将市场作为重要依托，政府需要对会展业进行总体上的规划和发展资源的协调，并推进会展业的立法工作，为会展业的发展提供一个良好的法律环境和健全的市场竞争机制，发挥中国会展业本身具有的独特优势，进而在世界经济舞台中拥有更加有利的地位。

在政府加强对会展业重视、经济效益日益明显的基础上，越来越多的投资者进入会展行业，加剧了会展行业竞争的激烈程度。根据上海会展研究院报告，我国小型以上的展览馆共有 225 家，室内展览面积 747.75 万平方米，场馆平均面积 3.32 万平方米，分布在除台湾地区以外的 32 个省（区、市）。10 万平方米以上的超大场馆 16 个，面积 5 万平方米以上的大型场馆 29 个，中型场馆 77 个，面积在 2 万平方米以下的小型展览馆居多，共有 103 个。实际可展览的面积达到了 700 万平方米以上，但实际利用面积却达不到 400 万平方米，会展资源得不到充分的利用。另一方面，由于我国缺乏具有影响力的会展品牌，产业链存在较多的薄弱环节，同时不具备充足的会展专业人才。在社会主义市场经济发展的过程中，我国经济逐步由粗放型向集约型发展，在质的飞跃这一过程中，难免会淘汰一些管理制度不完善、经济效益低下的企业，进而实现会展资源的优化配置和合理开发，形成一批具有良好影响力的展览品牌，最终建立起大型会展企业集团。在竞争的过程中，市场的作用得以发挥，最终留下的是一些综合实力较强的企业，进而保持中国会展行业的活力和竞争性。

## 第三节 中国会展业发展的成功模式

### 一、大型产品贸易会展——以“广交会”为例

广州是我国最早发展会展业的城市，也是目前会展经济最有活力的地区之一，作为华南地区的文化中心、政治中心，目前，广州地区的展览数量居于全国第一，同时面积也位于全国前列。在广交会的影响下，广州的展览活动更加繁荣与蓬勃，根据不完全统计结果显示，广州地区每年举办上百场展览会，其中有 30 多场展览活动为国际性展览，包括广交会、广州博览会等。广州的会展经济已经颇具规模，在华南地区发挥着越来越大的辐射作用。

#### （一）广交会的历史回顾

有“中国第一展”美誉的广交会，是中国出口商品交易会的简称，创办于 1957 年春季。广交会举办 50 多年来，其规模发生了巨大的变化。第一届广交会只有来自 19 个国家和地区的国外采购商，商品的种类也较为缺乏，内地参展企业较少，成交额仅为 1800 万美元。而在 2006 年举办的第 99 届广交会上，有来自 211 个国家与地区的国外采购商，商品种类丰富，达到了 15 万种，内地参展企业数量达到 13000 家，成交额超过 310 亿美元。

广交会在发展的初期阶段，每届主要的出口成交商品为附加值不高的农产品。改革开放以来，农副土特产品的成交占比逐渐下降。20 世纪 90 年代后，参展的主要产品演变成为一些具有较高附加值的产品，如机电产品、日用消费品等。第 86 届广交会后，机电产品成为所有产品中成交量最高的产品类型。

在过去，广交会的参展主体主要为专业外贸公司，而现在，广交会的参

展主体不仅包括外贸企业，还包括国有企业、民营企业等制造业企业，尤其是一些外商投资企业、民营企业，在广交会发展的过程中，参展比例逐步上升。这不仅反映了中国经济市场的活力，同时也展现了参展市场的多元化。在第 96 届交易会中，生产企业在参展主体中的比重达到一半以上。而第 85 届交易会后，民营企业开始出现在广交会的舞台之上，并逐渐发展为第一参展主体。据统计，自广交会举办 50 年来，累计到会的境外采购商超过 376 万人，累计成交额达到 5183 亿美元。

### （二）广交会的成功条件

#### 1. 地缘优势

广交会诞生于中国南方最大的城市广州，并长期定点在此举办，这与广州特定的地缘经济因素是分不开的。广州市作为广东省的省会城市，华南地区最大的经济中心和全国最重要的通商口岸之一，毗邻我国香港、澳门，交通方便，华侨众多，对外联系密切，交往频繁。交易会在广州创办，正是凭借这种地缘和人文关系的优势，广东省和广州市走在中国改革开放的前沿，其经济建设速度特别是对外经贸水平一直走在全国的前列，广东省在交易会中的对外成交额一直排在全国各省、自治区、直辖市的第一位。直至现在，这种地缘优势仍然存在。

#### 2. 产业优势

2018 年，广东省 GDP 为 8.99 万亿元，20 多年来经济总量一直位列全国第一位；广东省规模以上工业企业累计完成增加值 32305.16 亿元，同比增长 6.3%；广东省固定资产投资稳定增长，完成全社会固定资产投资 8116.89 亿元，增长 16.7%；广东省进出口总额突破 7 亿元大关，连续 33 年居全国第一位。在产业优势得以保持的基础上，会展经济的发展也显示了其独特的优势。近些年来，广东省在全国信息产业中一直名列前茅，广州市还举办了华南地区规模最大的互联网通信设备展。在全国范围内，广州市的化妆品销量达到 1/3，家具生产总值也占 1/3，明显领先于其他省份。

#### 3. 市场优势

广州市经济之所以能够得到持续的发展，并表现出稳定的发展态势，最重要的一个原因就是消费的增长和出口事业的发展。广州市作为国内重要的轻加工制造基地，是我国对外贸易事业的重要窗口，具有广阔的消费品市场，同时也是我国重要的轻工业产业基地。广东省固定资产的投资增长较为稳定，平均增长 16 个百分点；2006 年完成房地产开发投资 1834.34 亿元，增长 22.4%；在社会民众收入稳步增加的过程中，居民对生活品质有了更高的需求，进而产生了大量的消费需求，2018 年，广东实现社会消费品零售总额 39501.12 亿元，同比增长 8.8%。综上所述，广州市的消费市场广阔，来自不同国家和地区的参展商能够在这里寻找到消费者对象和市场主体。这种市场优势不仅可以产生各种会展，而且也能吸引境外企业来中国展览，德国法兰克福展览公司、英国蒙歌玛利展览集团和中贸推广国际有限公司之所以选择在广州开办国际展览，市场因素无疑是很重要的原因。

4. 政策优势

广交会已连续举办 50 多年，且一直落户广州，与国家政策的支持和扶持有着直接的关系，这是广交会能够获得良好效果的重要保障。在广交会成立之初，我国中央主管部门和地方政府就对广交会进行联合组织与领导，这种对外直接贸易的商业活动得到了国家政策上的肯定和财政上的帮助。在很长一段时间内，广交会一直是我国向国外出口商品的重要通道。我国政府从人力资源、财政资源、社会资源等不同角度给予了广交会大力的支持，并出台了相应的政策，对广交会的举办事项和参展标准等进行了严格的规定，并利用国家政策对广州对外交易展览会的优势地位进行确认和保障。

### （三）广交会对广州城市发展的影响

1. 广交会直接推动广州对外贸易的发展

广交会属于出口商品展览会，是我国在计划经济时代面临西方国家全面封锁的情况下所设立的一个主要对外贸易通道。自广交会举办以来，广州得天时地利之优势，搭上便利“快车”，对外出口贸易与时俱进，快速增长。广交会初创办时期，广州全年出口贸易额基本上都是在广交会上完成的，仅百万美元。在广交会的带动下，广州对外出口贸易也突飞猛进，2005 年广州全年出口贸易总额已增至 266.7 亿美元。可以说，广交会见证了广州以及广东对外贸易的快速发展。自改革开放以来，正是因为广交会的推动，广州以及广东外贸出口总额一直在全国名列前茅。

2. 广交会带来了广州会展业的成熟与繁荣

广交会创办至今，经历了 60 多个年头。可以说，广交会的发展史实际上就是广州地区会展业的发展史。统计数字表明，从到会专业采购商来看，已从最初的 19 个国家和地区的不足 1300 人，发展到目前 200 多个国家和地区的近 20 万人；从成交额来看，已从 1957 年首届的 1754 万美元增至 2006 年第 99 届的 300 多亿美元，2018 年第 124 届广交会成交额为 2064.94 亿元人民币。广交会的连续和成功的举办，不仅奠定了广州会展业的基础，使广州会展业从无到有，从有到盛，并已渐成规模，逐步形成了一个完整的会展产业链，对会展产业以及城市发展所产生的影响是深远而持久的，在广交会规模不断扩大的过程中，相关产业也得到了进步和发展，使会展经济成为广州经济的一大特色和亮点。据不完全统计，广州作为广交会举办地，50 多年来已累计接待到会的境外采购商超过 376.5 万人次，会展业拉动的旅游消费达 36.19 亿元人民币，其中拉动旅游外汇收入 2.40 亿美元。在广交会的拉动下，广州会展业以每年 20% 的速度增长。

3. 广交会品牌效应树立国际性城市的形象

经过 60 多年的发展，广交会已成为广州乃至中国的一个重要的对外交流品牌。广交会所累积的知名度、规模效应以及它所提供的完善的功能和规范的服务，确立了广州国际化城市的地位和中国对外开放的形象，而广州自改革开放以来所形成的综合经济实力以及国际形象和影响，又推动广州会展业向多元化方向发展。继广交会之后，广州市委、市政府借鉴广交会经验，努力创新，不断推出新的综合博览会和专业展会，走出了一条“以博带专，以专促博”的路子，逐步实现了“由以综合展为主转向以专业展为主”的模式转型，在国内外的知名度和影响力日益扩大。可见，广交会所产生的品牌效应，不仅有力地推进了广州会展经济的发展，而且有效地树立和加强了广州国际性城市的形象。

4. 广交会成为高级专业会展管理人才的实践基地

随着广州会展经济的不断发展，会展业国际化、专业化、市场化程度的提升，会展市场对专业会展人才的需求越来越大。为了解决市场的需求，广州会展业行业协会与中山大学、广州大学等高校联合建立了各种形式的专业会展人才培训基地，广交会作为中国第一大展，义不容辞地承担起培养会展管理高级专业人才的重任。实际上，广交会经过60多年的发展，在不断地丰富自身、完善自身的同时，也培养了一大批具有会展理论知识、组织管理能力和市场开发能力的会展高级管理人才，这批人不仅成为广州会展业发展的中坚力量，也是带动中国会展业发展和繁荣的重要力量。

5. 广交会推动了会展业向规范化和专业化方向发展

广交会以先进的办展理念、规范的现场服务、完善的展会功能、前瞻的参展商品定位确立了其世界第三、中国第一大展的地位。历时60多年、办展100多届的广交会，不仅对中国对外贸易的发展、会展经济的壮大产生了重要的影响，而且对广州产业的专业化、信息化、规范化发展起着至关重要的作用。无论是专业化会展的打造、专业化人才的培养还是专业标准的确立，广交会都发挥了重要的作用。对广州而言，这一点尤为明显。"十三五"期间，广州将对专业会展市场进行广泛的培育和引导，打造更多在市场中具有良好影响力的品牌展会，不断增强广州会展业的国际影响力，构建国际会展中心城市，这些无疑需要广交会提供强有力的支撑。同时，近年来在广交会的促进下，广州会展业驶入健康快速发展的轨道。比如，全面启动"广州会展一站式审核管理服务中心"，与国际展览公司交流合作更密切，力争多个展览项目通过UFI认证，正式启动穗、港、澳三地会展业合作，广州市展览品物流中心建设取得实质性进展，进一步推动了广州会展业规范化、制度化建设。

6. 进一步拓宽广交会的会展平台

2007年第101届广交会正式由"中国出口商品交易会"更名为"中国进出口商品交易会"，标志着20多年来以扩大出口为支撑点之一的经济发展模式开始转型，不再将出口商品贸易作为主要的经济发展模式，而是将进口贸易与出口贸易作为支撑广州经济发展的两个方面，对广交会平台功能进行了扩大和延伸。正如时任国务院总理温家宝所言："通过广交会，能够扩大外商对于我国商品的进口需求，并吸引来自不同国家和地区的企业来参加展览活动，进而促进我国进口事业和出口事业的平衡。"在广交会转型的过程中，为国内采购商和国外参展商创造了一个更加自由和宽广的平台，直接推动了广州市会展经济的成长与进步。不仅如此，在会展活动举行的过程中，海外参展的企业数量也将增加，为广州会展行业的发展带来良好的机遇，并推动第三产业的进步与发展，引入更多的国际管理经验和科学发展模式，有利于其他展会发展壮大。广交会增设进口商品交易，是对场馆配套设施的建设加强，能够提高我国广州市会展活动的承载量，并产生会展产业的规模效应。

7. 带动广州及珠三角的产业优化升级

广交会的更名，能够帮助我国对全球生产要素和资源进行更好的利用和开发，进而实现产业结构的升级与调整。目前广州市在发展工业化的过程中，将重工业作为主导经济，对技术创新的发展较为关注，并对生产资源、先进技术存在巨大的需求。广州的资源并不丰富，正遭遇着从工业化向后工业化过渡的发展“瓶颈”，在广交会举办的过程中，能够实现广州市的资源引进，并帮助广州市获得更多的专业技术和生产设备，促进广州市的企业参与国际竞争，增加企业的综合实力。在广交会平台功能的作用下，国内厂商能够和国外参展商进行直接的交流，有效地控制了企业的引入成本。

8. 提升广州对周边地区的经济辐射力

在我国对外开放程度不断加深的过程中，广交会能够扩大进口、出口需求，推动进出口事业的平衡发展。在国际贸易形式迅速变化的过程中，为更多外商进入中国提供方便条件的重大举措。借助更名契机，能够对出口资源进行优化和整合，并调整参展企业和展出商品的结构，吸引更多来自其他国家和地区的企业参与展览活动，在扩大会展经济规模的同时，为自身品牌创造更大的价值，挖掘深层的潜力。广交会的转型对主办地广州来说无疑是一次重大机遇，预示着中国外贸政策的重大调整。广交会发展模式的转变将有助于提升广州对周边地区的经济影响力和辐射力。

9. 给广州乃至中国带来更好的国际形象

广交会更名表明中国愿意为外国商品进入中国提供便利，利用好广交会的平台功能，为国外商品进入中国市场提供一个良好的窗口，体现了互利、共赢、开放的战略精神。不仅如此，在广交会更名转型后，会对不同地区和国家的参展商带来巨大的吸引力。这些参展商为广州经济带来巨大的推动作用的同时，也是对当地群众思想观念、文化传统的革新。与此同时，在进口参展商加入的过程中，广州会涌入大量的产品，要求广州海关、知识产权部门提高自身的工作质量，并对安全设备、医疗卫生事业、社会保障机制以及交通条件等多个方面提出了更高的要求，因而有利于促进政务服务能力与服务水平的提高。

## 二、轻工产品贸易类会展——以“义博会”为例

“义博会”即中国义乌国际小商品博览会，其举办地浙江省义乌市是一个既不临海也不沿边的县级市。这个矿产资源贫乏、人均耕地面积少又无工业基础可言的县城，1982 年正式开放小商品市场，1995 年开始举办国内规模最大的中国义乌小商品交易博览会，2002 年开始升格为国家级、国际性展会。由商务部、浙江省人民政府、中国国际贸易促进委员会、中国轻工业联合会、中国商业联合会等联合主办，浙江省对外贸易经济合作厅、义乌市人民政府共同承办。成为中国唯一经国务院批准的国际小商品类展览会，也是商务部参与的、在县级市举办的唯一展会。中国义乌国际小商品博览会从最初依托区域市场到今天“走向世界、服务全国”，在短短的 10 多年时间里，义乌会展业从无到有、从小到大，并使义博会迅速成为在国际上具有一定影响力的展会。

### （一）义乌国际小商品博览会发展的条件

#### 1. 独特的区域市场优势

市场优势是义乌经济的最大特色和优势。义乌是我国著名的小商品生产中心。20 世纪 90 年代中期开始，义乌市每年都会举办义乌国际小商品博览会，与此同时，商品博览会的规模也在不断地扩大，档次也有所提升。在义乌国际小商品博览会取得良好成效的基础上，吸引了来自全国各地投资者的目光，一些国内外具有影响力的小商品品牌纷纷选择在义乌开拓市场。在义乌国际小商品博览会发展的过程中，充分开拓了国际和国外两个不同的市场。目前，义乌小商品批发市场的经营面积已经达到了 260 万平方米以上，经营小商品生产和销售的人员数量超过了 20 万。与此同时，义乌小商品批发市场汇聚了超过 32 万种商品，占全球商品的 70% 以上。2006 年，义乌小商品批发市场实现商品市场成交额 315.05 亿元，对比 2004 年来看，增加了 9 个百分点。自 20 世纪 90 年代至今，义乌始终是我国市场成交额最大的城市。

不仅如此，义乌当地的经营与生产商户数量达到了 16 万人以上，这些经营户不仅是卖家，也是消费者。这是义乌小商品市场和会展经济得以迅速发

展的重要基础，义乌已实现了以农贸城、物资、室内用品、文化用品、眼镜等数十个商品市场和 36 条专业街所形成的完善的市场配置。义乌商家还先后在乌鲁木齐等 20 多个省份开办了 30 多个分市场，在乌拉圭的萨拉利、乌克兰的基辅、澳大利亚的悉尼、巴基斯坦的卡拉奇等设立了 5 个分市场。据初步统计，目前，义乌小商品市场在全国范围的面积最大，同时展览会中的商品数量最多，通过常年展示和交易等展览形式，延长了交易的时长，同时也是展览会活力最大的一个区域，实现了市场交易与展览活动的有机结合。目前，国内外的卖家和消费者对这种全新的会展模式产生了浓厚的兴趣和强烈的喜爱。综上所述，义乌举办会展活动的一个重要优势就是大量的小商品品牌和显著的市场效益。

2. 产业集群的支撑优势

义乌小商品市场的发展离不开强有力的产业支撑，义乌本身就是这些小商品的主要生产地之一。比如，义乌一共有 2000 多家饰品企业，占全国饰品生产的 65% 以上，其中，全国有 70% 的饰品出口都来自义乌。义乌的袜子制造工业也是世界范围内领先的，如浪莎、芬莉等著名品牌，从某种程度来看，义乌的袜子不仅是中国袜业的巨头，也是世界袜业的领先者。不仅如此，义乌还在拉链、玩具、五金等多个领域形成产业集群效应，这些极具优势的产业集群成为义乌会展业快速可持续发展的基础。

3. 城市外向度优势

义乌小商品市场和小商品博览会汇聚了国内外 4000 余家知名企业的总经销、总代理；美国、日本、澳大利亚、韩国等 40 余个国家和地区的企业、商人在义乌设立了 220 余家商务机构，常驻义乌的外商达 5000 余人，境外企业和客商在义乌银行开户的就有 6290 多家，这使义乌成为我国乃至东南亚最大的小商品批发基地。近些年来，义乌小商品生产与批发的国际化程度越来越高，不同层次的采购主体纷纷前往义乌展开商业贸易活动，外商的数量持续增加，而外商贸易的经营方式也出现了明显的变化。举例说明，跨国零售集团，如沃尔玛、麦德龙等大型超市纷纷选择在义乌采购商品，而我国国内的著名连锁超市，如华联、西单等，也选择在义乌采购商品。2006 年，全国第二大零售商家乐福在义乌设立了全球范围内的第 22 家采购中心。综上所述，义乌市场的外向度已经高达 60% 以上，出口到世界不同的国家和地区，成为世界范围内的小商品集散中心和采购基地。

4. 各级政府的政策支持

第一，离不开义乌当地政府的政策支持和宏观鼓励。在义乌小商品世界博览会举办的过程中，义乌市的政府部门对自身的职能进行调整和优化，以建设服务型政府为目标，将自身定位为市场发展服务的主体，从物流、交通、社会治安等不同的方面，为博览会的顺利展开创造良好的前提条件。举例说明，为了对参展商的交易成本进行控制，从市场硬件设备的角度出发，义乌市政府通过大量的财政投入，对市场摊位定价机制进行控制。目前全国市场中，大多数摊位 5 年使用的市场价格已经高达 100 多万元，但义乌市政府却坚持将市场摊位价格控制在每 5 年 5 万元的基础之上，消费者进入市场的门槛较低。在市场经济迅速发展的过程中，民间资本得到了充分的开发和利用，但政府仍然重视财政支出对经济所发挥的支撑作用，每年在建设基础设施时，会投入上百亿元资金进行建设。在为经营者和会展活动的举办者提供便利的同时，也能够有效地维护市场环境，义乌市政府同时还规定，全部的展馆建设单位都必须要收取展馆服务费用，提高会展项目的竞争优势。

从会展业发展环境的角度来看，义乌市政府为了给会展经济创造良好的基础条件和环境保证，通过加大财政支持力度等规定，降低会展业的机构成本。首先，市政府设立了专门的会展业发展专项资金，具体使用在对会展业项目的宣传和推广、对品牌展会的支持和奖励、对符合义乌产业发展方向的展会项目的引导与支持；其次，鼓励一些具有影响力的品牌展会开拓国外市场；最后，培养一些优秀的会展管理人才，并对在会展行业做出杰出贡献、产生巨大价值的企业与个人进行奖励。

第二，为了推动会展业的健康成长与迅速进步，国家和行业给予了会展业大量的政策支持。义乌市是我国的小商品流通基地之一，同时也是我国对外出口的重要窗口之一，因此国家相关部门给予了义乌市经济市场建设大力的扶持和引导。近些年来，我国国土资源部、外交部等部委分别安排干部前往义乌市政府挂职，对市场中遇到的问题和现象进行研究。自 2002 年，商务部每年会派驻干部对义乌市小商品博览会的相关工作进行管理。

从行业支持的角度来看，为了强化义乌小商品市场的标杆地位，我国商务部对义乌小商品指数进行了编制，并对义乌在行业内的定价地位、制造地位和销售话语权等进行了确认，该指标于 2006 年 10 月通过中央电视台向全球发布。目前，义博会已经受到中外各方面的关注，在扩大中国商品出口、提高中国商品国际竞争力、服务全国中小企业、推动经济发展等方面日益发挥积极作用。

### （二）义博会与义乌城市发展的互动效应

1995 —1996 年是义博会刚创办和运作的最初两年，当时的定位主要是地区性的博览会，不仅规模不够大，而且其依托的也是当地的小商品专业市场。1997—2001 年，义博会得到浙江省政府的大力支持，由地区性展会升格为全国性展会。经过 5 年的培育，随着展会规模、主办规格以及展览效果的不断提升，义博会逐渐展现出巨大的市场影响力和辐射力，展会的外向度和国际化程度也不断提高。2002 年以后，义博会成功地实现了跨越式发展，境外客商的专业化程度有了明显的提升，国际贸易观众的结构比例在量和质上都有明显的变化，不仅提升了义乌小商品市场的外向度，而且提升了义乌的国际知名度。

另一方面，义博会充分凸显出义乌作为中国最大的商品集散地的地位，也充分凸显出义乌在国际小商品贸易中的地位。义乌之所以能迅速成为中国小商品的集散中心和展示中心，一年一度的义博会功不可没。10 多年来，义博会参展商不断增多，展区规模不断扩大，日均客流量也不断攀升，总成交额从 1995 年的 1.01 亿元人民币提高到 2006 年的 94.5 亿元人民币。义博会与中国小商品城互促共进，并推动了周边区域日用消费品制造工业的发展和进步。

目前，义乌不定期地举办一些专业品牌展览活动，如义乌袜业内衣服装工业设备展、中国义乌玩具及儿童用品博览会、义乌住宅产业博览会等，这些展览活动的规模较大，能够产生良好的经济效益。而在这其中，义乌小商品博览会的规模最大，是全国范围内具有显著影响力的品牌展会之一，被评定为 2002 年中国会展业十大新闻之一。以城办展、以展兴城，会展与城市的良性互动效应在义博会与义乌城市发展的关系上得到了充分的体现。

### （三）义博会对义乌经济发展的影响

义乌是一个很独特的中小城市，经济发展模式和增长速度令世人瞩目。在这个翻天覆地的变化格局中，义博会起到了非常重要的作用。

1. 义博会带动了义乌产业的良性发展

义乌的发展是从"以商兴工"起步的，走的是从传统商贸向制造业和服务业转型的发展道路。在家庭作坊式小商品生产的过程中，将专业市场作为重要的推动力，并在多年发展和市场积累的过程中形成了巨大的服务规模，同时还对流通业态进行创新和发展，延伸产业链。近些年来，义乌国际小商品博览会定期召开，同时义乌将自身定位为国际性商业贸易城市，义乌的制造业得到了充分的发展空间，形成了良性的发展模式。义乌的小商品制造的优势凸显，特别是拉链、化妆品、玩具等产业，得到了迅速的发展和进步；现代物流、金融、会展和商务服务等现代服务业也形成了规模，发展速度加快；义乌本身作为区域经济发展的新增长极，在其发展的过程中，聚焦功能和辐射功能正在不断地增强，在全国竞争中的综合实力也在不断提高。

2. 义博会推动了义乌经济的国际化转型

义博会的举办使义乌用不到 20 年的时间成功地跨越了集贸、批发两类业态，进入全新阶段，会展经济成为义乌小商品博览会发展的主要方向，实现了商务洽谈、电子商务、产品展览等不同方面的配合与分工，形成了全新的会展经济业态。义乌小商品博览会启动了义乌会展业的发展，给义乌带来了国际化的商贸业与制造业，推动了义乌产业结构的国际化，使义乌经济的外向度有了很大的提高。一项统计表明，义乌小商品市场的外向度高达 60% 以上，义乌城市的外贸依存度由 2001 年的 9% 上升到 2004 的 31.3%。正是通过举办各类会展活动，义乌小商品已出口到世界 182 个国家和地区。从相关数据上来看，目前已经有 6000 多个外商企业在义乌采购商品，这些外商企业来自 100 多个不同的国家和地区。义乌小商品博览会已经成为我国商业贸易类专业展会的重要代表。

3. 义博会不断提高和优化义乌的城市服务水准

在义乌经济发展的过程中，始终坚持市场的调节作用，并将商业贸易活动作为支柱性产业。在小商品交易市场发展的过程中，通过提高制造业和服务业的质量与水平，扩大义乌小商品交易市场在国际交易舞台中的影响力。义乌主要是通过专业市场对其他相关产业进行带动，并通过市场的积累和民间资本的发展实现国际化战略。以义博会为代表的一系列会展活动，无疑是推动义乌走向国际化的杠杆和引擎。城市的国际化对城市的服务水平提出了新的要求，特别是在会展期间，如何在短时间内具备集散来自国内外客商的能力，如何提供最佳的投资环境和交易平台，这对作为中小城市的义乌无疑是一个重要的考验。义乌加快了现代服务行业的发展以及与国际接轨的步伐，城市载体功能不断扩宽，使城市服务水准得到了有效的提升。

## 三、旅游会议类会展——以“西博会”为例

### （一）西博会的历史与现状

杭州市是浙江省省会，全省政治、经济、文化和科教中心，从某种程度上来看，旅游行业是杭州市最大的产业。杭州市国家级风景名胜区有 2 个：西湖风景名胜区和富春江、新安江、千岛湖风景名胜区；国家级森林公园有 5 个：千岛湖、富春江、大奇山、午潮山、青山湖；国家级自然生态保护区有 2 个：西天目山、清凉峰；国家级旅游度假区有 1 个：杭州之江国家旅游度假区。国家级重点文物保护单位有 13 处：飞来峰石刻造像、岳飞墓庙、六和塔、白塔、胡庆余堂、良渚文化遗址、西泠印社、文澜阁、焚天寺经幢、临安功臣塔、吴越皇族墓、凤凰寺、南宋皇城临安遗址。作为中国七大古都之一，杭州历来是“文化之都”。近年来，杭州陆续兴建了丝绸博物馆、茶叶博物馆、胡庆余堂中药博物馆等多家独具地方特色的国家级博物馆。这里还有数量众多的重点高校、科研院所，汇集了多学科专门人才。杭州综合经济实力较强，现代服务业更是发达，吃、住、行等各项服务设施都足以担负大型会展活动的要求。2005 年的统计数据表明，杭州当年实现国内生产总值（GDP）13509.2 亿元人民币，人均生产总值高达 14.3 万元。

杭州还是中国举办国际性博览会的发源地之一。首届杭州西湖国际博览会（简称“西博会”）于 1929 年 6 月 6 日开幕，10 月 10 日闭幕，历时 128 天，参观人数达到 2000 万人次，规模和影响都很大，当时就曾轰动浙江和全国，誉满中外。在第一届西博会上，国内外参展商品有近 15 万件，堪称当时的物品总汇；此外，西博会还专设了提倡造就新国民的教育展馆、展示当时世界最新技术的铁路、电信、航空三个特别陈列处以及展示振兴民族产业的丝绸馆等。西湖博览会可与费城博览会、巴黎博览会等同时期举办的展览活动相媲美，是我国会展业早期发展的杰出代表，为民族工业的振兴奠定了良好的基础。

2000 年，杭州经济社会得到了迅速的进步与发展，在这样良好的基础上，杭州市对城市功能的定位发生了转变，并再度举办西湖博览会。在 21 世纪初，西博会作为交流文化、展示商品、开展旅游活动的良好平台，以杭州的区位优势和产业特点为重点基础，安排了 30 多个展览活动、会议项目，表现出明显的区域特点，同时结合了会展活动的经济功能以及社会效益。举例说明，杭州市举办的中国国际设计与丝绸博览会、中国国际茶博览交易会等，充分彰显了我国传统文化的特色；杭州市举办的电子音像器材展览会、环保设备与技术展览会等，顺应了现代科技的发展潮流，展现了我国的工业发展水平、市场特点和我国制造业的产品优势；杭州市举办的人居环境展览会、艺术品展览会、工艺美术大师精品展览会，充分展示了杭州的历史文化传统、艺术氛围、人文环境和城市发展特点；杭州市举办的家具展览、友好城市消费品展览、休闲娱乐设备展览会，有效扩大内需的同时，引领居民的消费行为，开拓了市场。

### （二）西博会对杭州城市发展的影响

#### 1. 凸显中心城市的集聚与辐射作用

每届西博会都设有多种类型的展览和论坛，其中展览会、博览会作为展示商品、传递信息、推广技术的重要平台，汇集了来自世界各地的物流资源、人力资本、信息资源、生产技术、商务信息以及资本等，是商家和消费者寻找贸易机会的重要载体。而不同种类的会议和论坛，是传播全新思想、新技术、新观念、新知识的重要场合，也是技术交流、科技传播的重要平台；杭州作为区域性中心城市，可以借助西湖博览会，和来自不同国家和地区的经济贸易人士开展商业上的合作与交流，实现经济、贸易、投资、招商等多方面的事务，同时通过西博会的集聚辐射效应，对周边地区产生广泛的城市吸引力和扩散效应。

#### 2. 提升城市服务水平和城市形象

西博会的定位是，会展业的平台、文明的载体、百姓的节日。基于这个定位，西博会不仅设立了多种专业展览，而且也安排了丰富多彩的文化活动。参加西博会的客商和游人不仅可以从事商务活动，而且可以欣赏到具有鲜明时代特征和地方特色的文化活动。蜂拥而至的客商，考验了城市的综合承载能力，也在提升城市的服务水准，同时，色彩纷呈的文化活动也为杭州创建文化名城发挥着重要的推动作用。从某种程度上来看，西博会成功聚集了来自全国各地的文化资源，具有推进当地发展文化事业和文化产业的作用，这对于提升城市的服务水准，提升市民的整体文明素质，塑造杭州文明、开放、创新、创业的城市形象无疑具有积极的作用。

3. 推动杭州实现国际性大都市的发展目标

在国际上看，一个城市成为国际性大都市的重要标志就是能够承办大规模的国际性会展活动；对比来看，在长三角地区除去上海外，杭州是最大的区域性都市。举办好西湖博览会，是杭州实现国际性大都市目标的一个重要举措。一方面，杭州正围绕西博会加快配套设施建设的步伐；另一方面，杭州正在着力打造全新的文化品牌，打造旅游、居住、学习环境优质的城市，建设干净、优美的生活环境。目前，杭州已被评为中国优秀旅游城市、全国科教兴市先进城市、国家卫生城市、全国环境保护模范城市。2001 年，杭州还荣获“联合国人居奖”。

## 四、会展业的城市名片效应——以博鳌亚洲论坛为例

### （一）博鳌亚洲论坛的创办

博鳌亚洲论坛作为国际会议组织，其经营的目的并不是为了营利，作为非官方组织，它定期召开亚洲论坛会议，以促进亚洲各国经济的交流、合作和发展为重要目的，秉持着平等、互惠的合作原则，有效加强了亚洲国家和国际的联系。尤其为一些政府官员、专业学者商讨国际大事、经济发展战略、社会民生问题创造了一个良好的平台。

博鳌亚洲论坛最初虽然是由菲律宾、澳大利亚、日本等亚太国家前政要共同发起倡议的，倡议者考虑到中国国际地位的上升，市场的广阔和良好的发展前景，并结合海南省优美的自然风光和生态环境，建议在中国海南省琼海市博鳌镇设立亚洲论坛的总部，在这样的基础之上，原本默默无闻的博鳌镇成为世界关注的焦点。目前，博鳌镇作为亚洲论坛召开定期会议的目的地，是中国对外开放、亚洲国家经济交流与合作的重要窗口。

## （二）亚洲论坛对博鳌发展的影响

### 1. 亚洲论坛催生了博鳌会展新城

博鳌是海南省琼海市下的一个小渔港，在过去，博鳌的发展较为落后，这里没有公共交通线路，通信条件也较为有限，想要在博鳌买到胶卷都是十分困难的。但在亚洲论坛的推动作用下，博鳌已经成为世界上风景最为优美的会议中心和旅游度假景点之一。根据相关部门的统计结果显示，博鳌仅有不到 2 万的人口，但每年接待的游客数量却高达 200 万人次以上。在黄金周期间，博鳌每天都会有超过 2 万人来参观、旅游。而在亚洲论坛召开期间，博鳌酒店的入住率高达九成以上。在旅游业迅速发展的过程中，吸引了房地产商的目光，房地产商看重了博鳌的发展潜力，纷纷来到这里建设会展中心、商务酒店、度假中心，并推动了餐饮业、金融业、现代通信业的进步与成长，在创造大量就业机会的同时，有效地推动了海南省经济的进步与发展。

### 2. 亚洲论坛推动博鳌以及海南与国际接轨

要想成长为一个国际性的会议城市，首先必须要实现与国际惯例的接轨。在博鳌亚洲论坛成立后，海南省通过向亚洲 21 个国家实行免签入境政策，吸引了大批来自不同国家和地区的游客。目前，在全球范围内，海南岛作为开放度最高的岛屿之一，在世界舞台上的影响力和吸引力是有目共睹的。海南省作为国际会展旅游地、国际海滨度假城市，在博鳌亚洲论坛成立的过程中更是实现了自身产业的升级与调整，推动了海南省旅游业的国际化、信息化、专业化，在旅游产品不断升级、旅游客源不断扩大的过程中，海南省能够进一步地与国际市场接轨。

### 3. 亚洲论坛提升了博鳌以及海南的国际知名度

龙永图在接受《海南日报》专访时认为：加入世界经济合作贸易组织后，中国在国际舞台上的地位有所提升，要想扩大在国际政治、经济舞台上的影响力，首先必须要打响在国际舞台上的知名度。目前海南省出现了大量的海外投资建设项目，特别是一些海南籍贯的华裔企业家，选择在家乡开展投资项目。目前，在海南省已经注册了 7000 多家的外商投资企业，其中有 80% 为海外华商投资企业。

第四章

# 国内外文化创意与会展业的发展状况

本章从论述文化创意产业与会展业融合发展的理论基础出发，阐述了文化创意产业与会展业融合发展的必然性和坚持发展的原则，并总结了国内外具有典型代表意义的文化创意产业与会展业融合发展的案例。

## 第一节　文化创意产业与会展业融合的理论基础

文化创意与会展业之所以能够融合，是因为两者之间存在着互相促进、互相影响的内在关联。在经济学中，主要体现的是产业融合的观点。

### 一、产业融合的概念

近年来，不少专家学者都投身到产业融合的研究领域中，关于产业融合的定义也有不少，归纳起来大概有三大类。第一类：从信息通信产业的融合叙述。学者周振华提出，产业融合是从产业分离中演变过来的，是产业边界固化走向产业边界模糊化的过程。[①] 随着信息化技术特别是互联网的发展及运用，首先在电信、广播、电视和出版等行业出现产业边界的模糊与消失的融合现象。第二类：从产业融合的原因和过程表述。学者马健通过对国内外产业融合的分析，认为其比较规范和系统的含义可界定为：科技进步以及产业管制的放松使产业边界和交叉处首先发生了技术融合，使原属产业的产品特征以及原来产业的市场需求发生改变，从而导致竞争合作状态在产业中的企业间发生调整，最终导致产业边界的日益淡化甚至消失。詹浩勇认为："产业融合是指从经济和技术有机联系出发，通过技术革新特别是互联网为主导的，建立在数字融合基础上的各产业间的壁垒逐渐降低，而竞争合作关系不断加强的一种优化过程。"[②] 李美云认为，产业融合是指以前各自独立、性质迥异的两个或多个产业出现产业边界的消弭或模糊化而使彼此的企

① 周振华．信息化进程中的产业融合研究［J］．经济学动态，2002（6）．

② 詹浩勇．论信息产业融合的意义及对策［D］．成都：西南财经大学，2004.

业成为直接竞争者的过程。[①] 第三类：从产业创新和产业发展来界定。

产业融合是指不同产业或同一产业内的不同行业相互渗透、相互交叉，最终融为一体，逐步形成新产业的动态发展过程。产业融合的结果是出现了新的产业或新的增长点。胡金星认为，产业融合是在开放产业系统中，技术与标准等新奇的出现与扩散引起不同产业构成要素之间相互竞争、协同与共同演进而形成一个新兴产业的过程，其本质也是一个自组织的过程。[②] 虽然学者们对于产业融合的界定有所不同，但基本都认同产业融合形成过程需经历技术创新、技术融合、产品与业务融合、市场融合等阶段。

## 二、产业融合的类型

依据不同的分类标准，产业融合的类型呈现不同的表现。从融合的动因划分：美国学者温格博格（Wegberg）按成因将产业融合分为两大类，即需求驱动型产业融合和供给驱动型产业融合。[③] 相似的经济状况和社会背景、消费者日益多样的需求动机与偏好所产生的跨产业需求、多元化产品与全方位服务实现的综合功能、政府日益宽松的产业管制等因素驱动的产业融合，就是需求驱动型产业融合；而由于科学技术的进步与创新推动的产业融合，就是供给驱动型产业融合。

从融合的程度划分：于刃刚等认为产业融合可分为部分融合与全面融合[④]，即由于技术创新、政府放松管制等因素使不同产业之间的传统边界模糊甚至消失，产生一个新业态，若原产业仍然保留，这种属于部分融合；若原产业因此消失，这种属于全面融合。马健则将产业融合分为部分融合、全面融合和虚假融合三类。[⑤]

从产业角度划分：我国学者胡汉辉和邢华将产业融合分为产业渗透、产业交

① 李美云.服务业的产业融合与发展［M］.北京：经济科学出版社，2007.

② 胡金星.产业融合的内在机制研究：基于自组织理论的视角［D］.上海：复旦大学，2007.

③ 陈琳.从产业融合的角度探讨农业旅游的发展［J］.黑河学刊，2006（2）.

④ 于刃刚，等.产业融合论［M］.北京：人民出版社，2006.

⑤ 马健.产业融合识别的理论探讨［J］.社会科学辑刊，2005（3）.

叉、产业重组。[①] 产业渗透是用高新科技产业与技术来武装传统产业；产业交叉则是通过实现产业间功能的互补以及推进功能的延伸，并最终达到产业融合的结果；产业重组又叫产业内融合，是产业中子系统子产业在发展中的融合。聂子龙、李浩将产业融合分为四种类型，即渗透型融合、互补型融合、重组型融合和替代型融合。[②]

从产品角度划分：我国学者周振华认为产业融合分为替代型融合、互补型融合和结合型融合三种类型。[③] 前两种融合未消除各自产品的独立性，后一种融合使产品融为一体。王丹又将产业融合分为改造型融合、互补型融合和替代型融合三类。[④]

## 三、产业融合的效应

理论分析表明，产业融合是在经济全球化、高新技术迅速发展的大背景下，产业提高生产率和竞争力的一种发展模式与产业组织形式。它所产生的效应是多方面的，主要有以下三点。

第一，有助于促进传统产业创新，进而推进产业结构优化与产业发展。由于产业融合容易发生在高技术产业与其他产业之间，产业融合过程中产生的新技术、新产品、新服务在客观上提高了消费者的需求层次，取代了某些传统的技术、产品或服务，造成这些产业的市场需求逐渐萎缩，在整个产业结构中的地位和作用不断下降。同时产业融合催生出的新技术融合了更多的传统产业部门，改变着传统产业的生产与服务方式，促使其产品与服务结构的升级。促使市场结构在企业竞争合作关系的变动中不断趋于合理化。当前的市场结构理论认为，如果将有限的市场容量和各企业追求规模经济的动向结合在一起，就会造成生产的集中和企业数目的减少。而在产业融合以后，市场结构会发生更复杂的变化。产业融合能

① 胡汉辉，邢华．产业融合理论以及对我国发展信息产业的启示［J］．中国工业经济，2003（2）．

② 聂子龙，李浩．产业融合中的企业战略思考［J］．软科学，2003（2）．

③ 周振华．信息化及产业融合中的结构高度化分析［J］．东南学术，2004（3）．

④ 王丹．产业融合背景下企业并购研究［D］．上海：上海社会科学院，2008.

够通过建立与实现产业、企业组织之间新的联系而改变竞争范围，促进更大范围的竞争。产业融合使市场从垄断竞争向完全竞争转变，经济效率大幅度提高。

第二，有助于产业竞争力的提高。产业融合与产业竞争力的发展过程具有内在的动态一致性。技术融合提供了产业融合的可能性，企业把融合过程融入了各个运作层面，从而把产业融合的可能性转化为现实。不同产业内企业间的横向一体化加速了产业融合进程，提高了企业竞争力、产业竞争力。同时，产业融合对企业一体化战略也提出了新的挑战。产业融合中企业竞争合作关系发生变革，融合产业内的企业数量不断增加，企业间的竞争加剧，企业创新与灵活性被提升到新的战略高度。在这场技术革命与产业变革中，创新能力弱、灵活性差的企业会以更快的速度被淘汰出局。

第三，有助于推动区域经济一体化。产业融合能够提高区域之间的贸易效应和竞争效应，加速区域之间资源的流动与重组。产业融合将打破传统企业之间和行业之间的界限，特别是地区之间的界限，利用信息技术平台实现业务重组，产生贸易效应和竞争效应。产业融合将促进企业网络的发展，提高区域之间的联系水平。产业融合带来企业网络组织的发展将成为区域联系的主体，有助于打破区域之间的壁垒，增强区域之间的联系。产业融合扩大了区域中心的扩散效应，有助于改善区域的空间二元结构。

## 四、产业融合的动因

产业间的关联性和对效益最大化的追求是产业融合发展的内在动力。从当今世界产业融合的实践看，推动产业融合的因素是多方面的。

第一，技术创新是产业融合的内在驱动力。技术创新开发出了具有替代性或关联性的技术、工艺和产品，然后通过渗透扩散融合到其他产业中，从而改变了原有产业的产品或服务的技术路线，因而改变了原有产业的生产成本函数，从而为产业融合提供了动力。同时，技术创新改变了市场的需求特征，给原有产业的产品带来了新的市场需求，从而为产业融合提供了市场空间。重大技术创新在不同产业之间的扩散导致了技术融合，技术融合使不同产业形成了共同的技术基础，并使不同产业的边界趋于模糊，最终促使产业融合现象的产生。比如，20 世纪 70 年代开始的信息技术革命改变了人们获得文字、图像、声音三种基本信息的时间、空间及其成本。随着信息技术在各产业的融合以及企业局域网和宽域网的发展，各产业在顾客管理、生产管理、财务管理、仓储管理、运输管理等方面大力普及在线信息处理系统，使顾客可以即时即地获得自己所需要的信息、产品、服务，致使产业间的界限趋于模糊。产业融合在20世纪90年代以来成为全球产业发展的浪潮，其主要原因在于各个领域发生的技术创新，以及将各种创新技术进行整合的催化剂和黏合剂——通信与信息技术的日益成熟和完善。作为新兴主导产业的信息产业近几年来以每年30%的速度发展，信息技术革命引发的技术融合已渗透到各产业，导致了产业的大融合。技术创新和技术融合则是当今产业融合发展的催化剂，在技术创新和技术融合基础上产生的产业融合是"对传统产业体系的根本性改变，是新产业革命的历史性标志"，成为产业发展及经济增长的新动力。

第二，竞争合作的压力和对范围经济的追求是产业融合的企业动力。企业在不断变化的竞争环境中不断谋求发展扩张，不断进行技术创新，不断探索如何更好地满足消费者需求以实现利润最大化和保持长期的竞争优势。当技术发展到能够提供多样化的满足需求的手段后，企业为了在竞争中谋求长期的竞争优势便会在竞争中产生合作，在合作中产生某些创新来实现某种程度的融合。利润最大化，成本最低化是企业不懈追求的目标。产业融合化发展，可以突破产业间的条块分割，加强产业间的竞争合作关系，减少产业间的进入壁垒，降低交易成本，提高企业生产率和竞争力，最终形成持续的竞争优势。企业间日益密切的竞争合作关系和企业对利润及持续竞争优势的不懈追求是产业融合浪潮兴起的重要原因。范围经济（Economies of scope）是指扩大企业所提供的产品或服务的种类会引起经济效益增加的现象，其反映了产品或服务种类的数量同经济效益之间的关系。其最根本的内容是以较低的成本提供更多的产品或服务种类为基础的，范围经济意味着对多种产品进行共同生产相对于单独生产所表现出来的经济，一般是指由于生产多种产品而对有关要素共同使用所生产的成本节约。假定分别生产两种产品A、B的成本为C（A）与C（B），而当两种产品联合生产时，其总成本为C（A、B），则联合生产带来的范围经济可表示为C（A、B）<C（A）+C（B）。不同产业中的企业为追求范围经济而进行多元化经营、多产品经营，通过技术融合创新改变了其成本结构，降低了其生产成本，通过业务融合形成差异化产品和服务，通过引导顾客消费习惯和消费内容实现市场融合，最终促使产业融合。

第三，跨国公司的发展成为产业融合的巨大推动力。一般来说，只有超巨型的国际直接投资才能实现并支持跨国生产经营的实力与能力。因此，每一个跨国公司的产生和发展，实际上就是国际金融资本的融合、产业融合的发展史。跨国公司根据经济整体利益最大化的原则参与国际市场竞争，在国际一体化经营中使产业划分转化为产业融合，正在将传统认为的“国家生产”产品变为“公司生产”产品。可以说，跨国公司是推动产业融合发展的主要动力。

第四，放松管制为产业融合提供了外部条件。不同产业之间存在着进入壁垒，这使不同产业之间存在着各自的边界，美国学者乔治·施蒂格勒（George Joseph Stigler）认为，进入壁垒是新企业比旧企业多承担的成本，各国政府的经济性管制是形成不同产业进入壁垒的主要原因。管制的放松导致其他相关产业的业务加入本产业的竞争中，从而逐渐走向产业融合。为了让企业在国内和国际市场中更有竞争力，产品占有更多的市场份额，一些发达国家采取放松管制和改革规制的方式，取消和部分取消对被规制产业的各种价格、进入、投资、服务等方面的限制，为产业融合创造了比较宽松的政策和制度环境。值得说明的是，技术进步加上放松管制并不一定就能够导致融合。产业的技术进步大多发生在本产业内部，而不是发生在产业边界，因此产生了被学术界称为“死尸融合”的现象。“死尸融合”迫使实业界对企业传统经营观念进行了创新，提出了企业重组（BT）、业务流程重组（BPR）、虚拟企业等管理模式，并在20世纪90年代中期为促进产业融合开始直接进行管理创新的实践。通过将管理创新、技术进步、放松管制结合起来，使产业融合变为现实。正是由美国政府放松了对电信业的经济性管制，使电信业、有线电视业之间的产业边界模糊，才导致了产业融合现象的出现。

## 五、产业融合的演进方式

在不同的产业领域内，产业融合以不同的方式演进，最终将促成整个产业结构的高度化、合理化，并构架出融合型的产业新体系。产业创新研究的权威弗里曼认为，产业创新过程包括技术和技能创新、产品和流程创新、管理和市场创新等阶段。根据弗里曼对产业创新阶段的研究，陆国庆认为产业的融合和创新经过了技术融合、产品与业务融合、市场融合的阶段，最后完成产业融合的整个过程。并且这几个阶段前后相互衔接，也可能是同步相互促进的。

产业融合的主要方式有以下三种。

一是高新技术的渗透融合。即高新技术及其相关产业向其他产业渗透、融合，并形成新的产业。比如生物芯片、纳米电子、三网融合（即计算机、通信和媒体的融合）；信息技术产业以及农业高新技术化、生物和信息技术对传统工业的改造（比如机械仿生、光机电一体化、机械电子）、电子商务、网络型金融机构等。又比如发生在 20 世纪 90 年代后信息和生物技术对传统工业的渗透融合，产生了诸如机械电子、航空电子、生物电子等类型的新型产业。还比如电子网络技术向传统商业、运输业渗透而产生的电子商务与物流业等新型产业；高新技术向汽车制造业的渗透将产生光机电一体化的新产业等。高新技术向传统产业不断渗透，成为提升和引领高新技术产业发展的关键性因素，高新技术及产业发展有利于提升传统产业的发展水平，加速了传统产业的高技术化。主要体现在：促进传统产业的高附加值化，促进传统产业推出新品种和新的产业，促进传统产业装备现代化。据分析，近年来 IT 产业对美国经济的贡献率超过 35%，1999 年 IT 使全美国制造业劳动生产力增长了 6.4%。目前，信息技术正在以前所未有的广度和深度渗透到制造业的各个环节中，使制造业的产品和生产过程以至管理方式都发生了深刻的，甚至是革命性的变化。

二是产业间的延伸融合。即通过产业间的互补和延伸，实现产业间的融合，往往发生在高科技产业的产业链自然延伸的部分。这类融合通过赋予原有产业新的附加功能和更强的竞争力，形成融合型的产业新体系。这种融合更多地表现为服务业向第一产业和第二产业的延伸和渗透，如第三产业中相关的服务业正加速向第二产业的生产前期研究、生产中期设计和生产后期的信息反馈过程展开全方位的渗透，金融、法律、管理、培训、研发、设计、客户服务、技术创新、储存、运输、批发、广告等服务在第二产业中的比重和作用日趋加大，相互之间融合成不分彼此的新型产业体系。如现代农业生产服务体系、工业中服务比例上升、工业旅游、农业旅游等。作为本书研究内容的文化创意与会展业的融合就是产业间的延伸融合案例。

三是产业内部的重组融合。重组融合主要发生在具有紧密联系的产业或同一产业内部不同行业之间，是指原本各自独立的产品或服务在同一标准元件束或集合下通过重组完全结为一体的整合过程。通过重组型融合而产生的产品或服务往往是不同于原有产品或服务的新型产品或服务。例如，第一产业内部的种植业、养殖业、畜牧业等子产业之间，可以生物技术融合为基础，通过生物链重新整合，形成生态农业等新型产业形态。在信息技术高度发达的今天，重组融合更多地表现为以信息技术为纽带的、产业链的上下游产业的重组融合，融合后生产的新产品表现出数字化、智能化和网络化的发展趋势，如模糊智能洗衣机、绿色家电的出现就是重组融合的重要成果。

## 第二节　文化创意与会展业融合发展的必然性

会展业与文化创意产业相融合将会是产业融合的一个典型，也将对国家的经济文化发展产生重大意义。

### 一、有利于民族文化的发展与繁荣

改革开放以来，我国经济快速发展，中国特色社会主义事业全面推进，我国的国际地位大大提高。与此相适应，我们的文化视野不断拓展、文化自信不断增强。所有这些，为中华民族伟大复兴提供了前所未有的历史机遇。习近平总书记指出 ：“中华民族伟大复兴需要以中华文化发展繁荣为条件。”这一重要论断深刻阐明了中华文化发展繁荣对于中华民族伟大复兴的重要意义，也深刻阐明了中华文化发展繁荣的时代使命与责任担当。我国文化创意产业要实现大发展大繁荣，企业依托创意产业联盟开展组织创新合作、整合资源、提高自身竞争力是必然趋势，也是增加文化自信力、形成国际竞争力的关键。

### 二、有利于国家培养创新型和复合型人才

习近平总书记高度重视人才工作，把增强各级党政主要负责人的人才意识的任务放在首位。针对不善于发现人才，习近平总书记强调，“要树立强烈的人才意识，寻觅人才求贤若渴，发现人才如获至宝，举荐人才不拘一格，使用人才各尽其能”；针对不善于培养人才，他指出，“人才是事业发展最宝贵的财富，人才资源是党执政兴国的根本性资源”“必须造就一支规模宏大、素质优良、门类齐全、

结构合理的人才队伍”；针对不善于团结人才，他要求，为人才“做好团结、引领、服务工作，真诚关心人才、爱护人才、成就人才，激励广大人才为实现‘两个一百年’奋斗目标、实现中华民族伟大复兴的中国梦贡献聪明才智”；针对不善于用好人才，他指出，“物质资源必然越用越少，而科技和人才会越用越多”；针对不善于服务人才，他又提出，“尚贤者，政之本也”“要健全工作机制，增强服务意识，加强教育引导，促使优秀人才脱颖而出”。习近平总书记的这些重要论述，对增强党政主要负责人的人才意识提出了明确要求，丰富和发展了马克思主义的人才思想，是做好新形势下人才工作的先导和前提。科教兴国、人才强国，为了迎合新的产业融合结构下人才的发展需要，人们会转向跨学科、跨专业学习，在学习过程中，不同思维的碰撞有利于创新思维的培养。

## 三、有利于国家产业结构的调整和发展

改革开放 30 多年来，我国利用劳动力、土地与资源环境成本相对较低的优势，大力吸引国外资本与技术，加快了劳动密集型产业的发展，推动了工业化的进步，形成了较为完善的产业体系。但是，近年来，随着经济发展阶段的转化和国内外经济条件的变化，我国优势要素价格逐步上升，要素结构出现了新的变化，主要表现为劳动力数量开始下降但人力资本素质不断提高、资本数量积累增速放慢但资本存量质量优势逐步发挥、可用土地数量不断减少但土地利用效率将会提升、技术引进效应进一步衰减且技术创新能力有待提高、资源供应趋于紧张且环境成本逐步提升等。随之产业比较优势也发生了显著转变，推动了产业结构的调整。“十三五”时期，应关注我国要素条件变化的现实情况，更多利用市场化的政策手段，引导产业优化升级。会展业和文化创意产业在产业链间相互延伸、交叉、融合，有利于产业结构的优化以及资源的合理配置。不仅从经济效益上带来了可观的收入，而且提升了人们的生活质量和文化素养。

## 第三节　文化创意与会展业融合发展的原则

### 一、坚持市场化原则

会展就其本质来看是一种特殊的市场形式，是根据社会需求人为打造的特殊市场，是在一定时间、空间条件下，通过物品的直观展示，让决策者做出采购、投资决策，让参与者受到教育启发或获得效益的社会服务活动。会展一方面促成市场交易；另一方面促进资源利用效率的提高，实现买卖合作各方利益的最大化。

会展市场化改革就是引入市场竞争机制，按照市场经济运行规则，发挥企业的市场主体地位作用，让企业根据市场需要策划会展项目，通过商业化运作获得经济收益。会展市场化既是方向，也是过程，是一个不断提高、深化的过程，包括会展题材市场化、运作手段市场化和运作主体市场化三个方面的内容。会展题材的选择、项目形式的确定符合市场需要，有市场基础，具有市场可持续性；会展项目的运作符合市场规律，采取市场化手段运作，按照市场规律办事；市场化主体自主运作，经营会展活动，公开、公平市场竞争，市场配置会展资源。

会展市场化并不排斥政府对会展市场的参与和推动，事实是会展市场的培育和发展离不开政府的支持与促进。要全面理解《国务院关于进一步促进展览业改革发展的若干意见》的精神，充分发挥市场在配置会展资源中的作用，更好地发挥政府的作用。会展市场化改革就是遵循市场规律要求，根据市场发展需要确定展会主题，策划展会的题材，安排展会内容和活动；按照市场规律运作展会，去行政化、去长官意识，切实改变、改进行政组展，指令招商、区域包干等不符合市场配置会展资源的做法；加快市场主体培育，改变组委会运作机制，采取企业化运作方式，在政府购买服务、适当财政支持条件下，自主经营，承担经营责任和财务风险；推广实施 PPP、委托经营、代理招商等市场化展会运作模式，积极探索政府从展会具体活动中退出机制；改进政府财政支持方式，逐步减少财政拨款额度，减轻政府财政负担，改拨款补贴为展会组织服务政府采购。

## 二、坚持专业化原则

专业化原本是针对企业经营与管理提出的理念，企业必须根据市场需要向社会提供专业化的产品或服务。企业必须形成自身特有的、适应市场需求的产品或服务，并长期保有一定的市场份额，才能得以生存和发展。企业专业化发展的最基本原则就是一业为主，主线明确。企业可以多样化经营，但首先应立足于经营主业，必须具有明确的有别于他人的主营产品或服务。专业化可以促使企业差异化发展，获得市场竞争优势；专业化还可以提高管理效率，提高资源利用率，创造核心竞争优势。

会展专业化包括会展题材、内容的专业化和活动运作管理的专业化。会展题材、内容专业化是指会展项目以某一特定产业为基础和依托，以特定产业类产品、技术、服务为核心，组织业内专业厂家参加，主要对专业观众开放；运作管理专业化是指将会展经营活动分工细化，展会策划、宣传推广、招商招展、现场布置和配套服务等方面分工合作。

会展专业化首先应当实现展会题材的专业化，增强展会题材主题化、活动集约化，紧扣不同产业主题，突出行业细分和地方产业特色，鼓励各地方、各行业会展办出特色，办出差异，实行差异化发展，形成全国地方行业优势突出、优势互补、百花齐放、丰富多彩的会展产业体系；组建专业化展会运作主体，取代组委会下属专设执委会展会运作制度，政府部门逐步退出展会实际运作，用专业的机构、专业的人才，采取专业化手段和机制办专业的事；提升展会组织专业化水平，学习借鉴先进办展理念，借鉴成熟办展经验，按照国际规范运作展会，健全专业化会展产业链服务体系，引入专业化分工协作机制，提供专业性服务；提高展会现场组织和安排的专业化水平，按专业主题划分展区，逐步改变或减少按行政区域划分展区的比例；提高招商招展专业化水平，加大专业采购商邀请力度，加强与国际、国内行业专业化中介组织的合作，争取更多专业买家、行业龙头企业参展、参会，提高展会专业影响力。

## 三、坚持信息化原则

信息化建设是指为了管理的提升而进行的一系列软硬件系统的搭建、推广、应用与维护升级。随着移动互联网、云计算、大数据、物联网等新一代信息技术的不断发展和推广应用，信息化建设不断被赋予新的内容，"互联网 +"思维、现代信息技术越来越深刻地影响着人们的思维、工作和生活，改变社会活动组织形式、经济运行方式和商业运营模式。

会展信息化就是利用现代信息化技术管理会展活动的各个环节，为会展举办方、参展商和参展观众提供信息交换和互动的平台，优化会展资源配置，提升客户关系管理能力，提高会展服务质量和效率。

早期阶段，会展信息化主要表现为建立官方网站，开发会展线上平台，展示主办形象，宣传会展项目，发布会展资讯。随着信息化水平的提升、移动互联的兴起、自媒体的发展，微博、微信等即时通信成为人们获取信息的重要来源和途径，会展官方微博、官方微信、公众号等即时信息平台得到普遍运用，数字会展、智慧会展进入会展领域并投入使用。数字会展、智慧会展的本质就是以互联网为基础，将云计算、大数据、移动互联网技术、社交社群、会展产业链中的各个实体连成一体，构建一个数字信息集成化的展示空间，形成全方位立体化的新型会展和服务模式，形成对实体会展模式的有效补充。"互联网 +"作为一种推动会展业变革的外在动力，正在形成倒逼机制，刺激会展业商业模式不断调整创新，促进展览业改革深化、产业链再造和产业格局重构。

会展信息化就是运用"互联网 +"思维，采用互联网技术，推动信息共享，促进供需匹配，提升互动体验，实现展会管理、服务智慧化，信息利用智慧化；就是通过信息化建设，拓展会展服务领域，采取更多服务措施，提高会展服务效率，实现管理与互动升级，让会展更具黏性，提高会展整体质量和水平；利用互联网技术对目标受众进行深度分析，了解客户需要，量身打造，提供精准定制服务；了解展会供给、需求双方交易、项目需求，针对性地提供交易服务，开展网上配对，增强交易合作匹配度，提高展会实际交易成效；利用大数据技术，建设展会跟踪服务体系，实现客户关系管理智能化、智慧化；利用网络系统，推进展会流程程式化、智能化、规范化和管理自动化；应用最新二维码签到、移动互联网 LBS、人脸识别技术改造、提升现场服务；应用 3D 技术、直播互动、VR、AR、MR 等再造展会现场（ZR），让用户全景感受展会氛围，认知展会品牌和企业；建设经济有效、自由方便、快速准确，具有极强互动性的网络平台，加强展前、展中、展后服务全过程管理，实现主办方、参展商、服务商和观众的互动体验和信息共享，实现多方共赢；利用互联网技术为客户提供增值服务，推广使用 O2O2O，提供线上线下展示、交易，线上线下金融、物流服务，节约交易成本，提高交易效率。

## 四、坚持国际化原则

不同于洋化、西化，国际化是在知己知彼的基础上，用国际通用的语言和方式表达自己的意愿，获得国际认可，争取国际支持、参与，融入国际社会的过程。知己，即明确自己的价值所在和目标、方向，坚持自己的价值取向和发展目标；知彼，即有能力了解对方需求，用别人听得懂的语言、看得懂的文字、讲得通的逻辑表达自己的意愿和观点。

生产、经营国际化是指设计、制造适应不同区域要求的产品和服务，在跨国经营活动中推出自己的品牌，并融入世界市场的过程；是企业在全球性生产、营销活动中树立自己品牌定位形象，全面利用国内外资源条件和市场进行跨国经营，在国内外投资、生产、组织和策划国际市场营销活动，达到全球化运营目的的过程。

会展国际化是指按照国际会展业公认的社会契约和国际惯例，创造一个适宜国际会展企业和个人发展的环境和氛围，而不仅限于会展活动中国际参展商和观众的多少和比例。会展国际化首先是一个体制机制问题，应当营造一个开放型经济体系和运行体制，按照国际通用的会展规则和程序运作会展活动，为会展国际化运营提供条件和便利。开放型会展经济体系包括国内会展市场的开放和中国会展走出去参与国际竞争。会展国际化的具体内容包括运行规则国际化、运作主体国际化和会展人才国际化。会展国际化是方向，更是一个不断深化的过程，需要不断创造条件，不断提升。会展市场化、专业化是会展国际化的必要前提，会展信息化是推进会展国际化的助推器和加速器。

会展活动国际化应当在市场化改革、专业化运作和信息化建设的基础上，加强与国际会展组织和机构合作，学习国际先进会展经验，推行国际通行会展运作准则和流程，提高运作水平；加强国际宣传推广，扩大国际影响力和知名度，争取更多国际认可和参与，提高国际参展、参会比例；加强与国际行业组织、知名企业合作，委托招商招展，合作办展，引进成建制品牌文化展会，扩大规模，提升影响；探索展会股权改制，组建合资经营企业运作展会，吸收国际会展企业参与；创造条件，输出品牌，异地办展，跨境办展，多方联动。

## 五、坚持品牌化原则

品牌，在《牛津大辞典》里被解释为"用来证明所有权，作为质量的标志或其他用途"，即用以区别和证明品质。所谓品牌，也就是产品或服务的牌子，是企业给自己的产品、服务规定的商业名称，通常由文字、标记、符号、图案和颜色等要素或这些要素的组合构成，用作一个企业产品、服务或产品、服务系列的标志，以便与竞争者的产品相区别。在市场演化进程中，品牌早已跳出了品质证明和区别的简单含义，现代品牌中蕴含着企业文化、个性特征、企业性格、群体划分、企业实力等内容。

品牌会展是指具有一定规模，能代表所在行业发展动态，反映行业发展趋势，对该行业有指导意义并具有较强影响力的会展活动。品牌展会的基本特征包括：①具有较高的知名度。品牌展会在一定区域内具有较高的知名度和较大的影响力，普遍能得到业界的肯定和认可。②具有较好的规模成效。品牌展会具有明显的成效，能吸引许多参展商、专业观众的参与；同时，也要具备相当的展位规模。③具有较强的权威性。品牌展会具有一定的前瞻性和预见性，有明确的市场和专业观众，而且能提供几乎涵盖这个专业市场的所有信息，从某种程度上讲，能代表该行业的发展方向，拥有较强的声誉和可信度。④具有规范的服务和完善的功能。用国际标准规范服务，实现服务流程的规范化、标准化。

品牌化是赋予产品和服务一种品牌所具有的能力和所作出努力。会展品牌化的实质就是会展品牌建设的过程，是一个维护品牌价值、树立品牌形象、扩大品牌影响的过程，是一个不断创新、不断完善的过程。会展品牌化是目标，是方向，是过程；会展品牌化永远在路上。我国会展经过多年的打造，已经形成了一定的行业影响和知名度，一些展会已经获得某些机构的认证或荣誉称号，具备了一定的品牌要素，形成了一定的品牌效应。品牌维护，任务更艰巨，更长期。品牌化建设涵盖了品牌创造与品牌维护的全过程，是展会市场化、专业化、国际化、信息化的集大成者，任重而道远。必须不断创新理念、创新模式、创新服务，不断结合行业发展趋势和方向及时调整活动主题，扩充活动内容，开发会展题材；创新展会表现形式和服务营销方式，保证展会常办常新，保持旺盛的生命力。

## 第四节　国外文化创意与会展业的融合案例

德国北部重镇汉诺威是德国下萨克森州的首府所在地。汉诺威是工业制造业高度发达的城市，是德国的汽车、机械、电子等产业中心。工业以机械（机车、汽车、拖拉机、电工器材和精密机械）、化工等制造业为主，有全国最大的轮胎厂，并有钢铁、橡胶、钾肥、染料、纺织等部门，更有全球驰名的乳胶漆制造商——ZERO（赛乐菲）公司。但是第二次世界大战后由于受到世界经济的发展和产业战略性调整的推动，以及环境破坏和能源危机的压力，汉诺威不得不对其产业结构做出调整。以 2000 年举办的 21 世纪第一个世博会为契机，汉诺威开始了从传统工业城市向以会展业为支柱的第三产业转变。

到目前为止，汉诺威第三产业的就业人数已占总就业人数的 74%，汉诺威展览中心也成为世界上规模最大的会展场馆，占地面积达 100 万平方米。另外，聚集了如汉诺威消费电子、信息及通信博览会、汉诺威工业博览会、汉诺威国际农业机械展览会等国际知名展会，也因此获得了“会展之都”的美誉。除此之外，与之相关的旅游、金融等产业也得到长足发展。汉诺威之所以能顺利完成城市产业转型，有以下成功经验。

### 一、拓展工业产业链，发展创意会展服务业

在其举办的众多国际知名展会中有不少是以其原有产业为依托的，如汉诺威作为德国高度发达的工业城市，其打造的国际一流品牌展会——汉诺威通信与信息技术博览会、汉诺威工业博览会和汉诺威世界汽车及车载装备展等基本上都是依托其城市本身完善的工业、电子产业链而形成的。

## 二、挖掘区域文化特色，发展娱乐休闲、节庆

除了拥有历史博物馆、州立博物馆和克斯特纳博物馆外，汉诺威还经常举办一些固定的节庆活动，如国际射手节、玛狮湖夏日狂欢节、露天艺术节等。这些活动的举办不仅丰富了当地人们的精神生活，还在一定程度上带动了当地旅游等相关产业的发展，同时又极大地提升了对外形象。

## 三、利用政府的强力政策支持，助推产业提升

汉诺威政府将展览业作为支柱产业加以扶持，在制定经济发展战略和城市发展战略规划时，积极考虑会展业的发展需要，联邦政府在中央财政中列出专门预算支持会展业发展。同时还设置了全国唯一的官方会展管理机构——德国展览委员会，主要负责制定完善的扶持政策、服务、规范、协调和发展计划。另外，为了确保会展业的健康发展，德国贸易展览业协会（AUMA）还制定了很多规章制度，并根据当前会展数量、质量、技术手段、目的、要求进行调整、改进。

## 四、重视会展场馆及其他相关设施的建设，匹配优质服务

作为会展经济发展的火车头，会展场馆的建设能不能满足举办展会的要求是当地会展业发展成功与否的关键因素之一。目前，汉诺威不但拥有世界上面积最大的会展场馆，而且还专门为举办大型展会提供了直升机平台。在基础设施方面，汉诺威除了拥有发达的铁路和公共交通之外，还有四个港口和国际机场。一流的会展场馆和基础设施不仅吸引了世界各国众多的展商和观众，为国际大型展会的顺利进行提供了实实在在的保障，而且也充分展现了汉诺威打造“会展之都”的气魄和意志。可以说，汉诺威在建设国际会展中心城市方面，从一开始就走了一条高标准的道路。

## 五、注重专业人才培养，为创意会展奠定人才保障

汉诺威实现从工业城市向“会展之都”的转型与其人才培养模式有着紧密的

联系。城市产业的发展或转型首先离不开人才，为了促进会展业的发展，汉诺威积极创新人才培养模式，到目前为止基本形成了产、学、教互动的良好机制。其教育模式的特点可以概括为办学集中、定向培养、贴近行业和重视实践四个方面。

汉诺威城市的成功转型同时也为我国部分城市的转型或会展业的发展提供了一些借鉴。首先，以会展文化创意产业为驱动的城市转型应该依据城市原有优势产业进行展会品牌的建设；其次，城市产业的转型必须得到相关政策法规的支持，或在税收方面给予一定的优惠措施；再次，城市产业的转型，尤其是以创意为驱动的转型应该注重人才的培养，合理的人才培养模式和大批的高素质创意人才是完成城市转型的关键；最后，以创意为驱动的城市转型应十分重视城市原有的文化，在进行创意设计的同时要结合本地文化，充分体现本地特色。

## 第五节　国内文化创意与会展业的融合探索

### 一、厦门市

展览、会议、设计搭建被业内视为狭义会展经济的三大组成部分。从对厦门市 2013 年会展经济效益的统计来看，会展文化创意设计（设计搭建）三分天下占其一。因此，要促进会展业的转型升级，会展文化创意设计（设计搭建）队伍的建设应引起相关部门的广泛重视。

目前，厦门常年从事会展文化创意设计（设计搭建）的企业有 100 ～ 120 家，其中，加入厦门会展协会的企业有近 100 家，2012—2014 年经过协会资质认证、获得资质证书的企业有 90 家，其中一家已注销，现有 89 家。据统计，2013 年厦门市从事会展文化创意设计的人员近 2000 人，年营业额近 8 亿元。1987 年举办首届福建投资贸易洽谈会时，厦门市还没有一家专业的会展设计搭建公司，近 30 年来增长百倍。

厦门的会展设计搭建企业不仅涉足福州、宁德、泉州、漳州、龙岩等市的展会设计搭建市场，占有福建的大部分会展设计份额，同时其服务涵盖了包括新疆、西藏在内的全国各省、自治区、直辖市。部分实力强的企业已经在境外开展了业务服务，有的作品被上海世博会参展单位采用。厦门会展文化创意设计在国内会展界已经开始崭露头角，形成了一定的集聚效应。

据中国香港笔克公司负责人透露，2012 年该公司全球营业额达 50 亿港币，中国大陆和中国台湾地区的营业总额就达 25 亿港币。厦门市会展设计搭建营业收入与之相比是小巫见大巫，不可同日而语。厦门市的企业也没有开发出承接世博会国家馆的作品，海西汽博会的工程搭建企业大多数来自北京、上海，同样说明厦门市会展设计行业还相对落后。本书认为，究其原因有四：一是从政策上没有给予重视。厦门市政府虽然对文化创意产业和工业设计给予了关注，但对会展文化创意设计还重视不够，由于会展设计企业处在会展经济的末端，往往不被社会所重视。二是高端会展设计人才匮乏，缺少国家级的设计人才，没有创造出"惊世"之作。三是厦门市会展设计搭建企业实力不强，难以承接大型、巨型工程；在89家有资质的企业中，注册资金50万元的只占38家。四是厦门市具有全球影响力的展会还比较少，还不具备诞生国家级乃至世界级的设计人才的环境。

厦门市之所以决意发展会展设计经济，主要在于其是一个有活力的城市，是一个有文化底蕴的城市，是一个开放包容的城市，是一个人才辈出的城市，厦门市委市政府关于"促进会展业转型升级"的规划就显示了政府的决心。本书认为，打造中国东南会展文化创意设计之城要发挥四个积极性：一是政府的积极性。政府要给予市场以引导、给予企业以扶持。二是社会的积极。各行各业要积极地参与和支持会展业。给予会展设计作品的产权以尊重，对设计人员的劳动成果给予保护。三是企业的积极性。会展设计企业要注意引进先进管理经验，加强自身的建设，培养、引进和留住高端人才。四是发挥协会的作用。会展协会对促进会展设计队伍的建设要正面引导、加强培训，用多种方式引进国际设计理念，激励企业创新发展。如果没有从设计到材料研发，再到制作，最后到安装的一流人才，建设会展设计之城只能是一句空话。

## 二、杭州市

"十二五"期间，杭州市会展业坚持走"专业化、品牌化、市场化、国际化"路线，以"文化、休闲、创意生活"为特色，以西博会、休博会两大龙头会展为引领，着力打造最具潜力的全国展览中心城市、最具魅力的国际会议目的地，行业整体呈现提升发展的良好趋势。

### （一）行业规模稳步扩大，国际化程度不断提高

"十二五"期间，杭州市会议和展览业总体呈现稳步增长趋势，会展经济效益不断凸显。2015年，杭州市全年共举办各类展览297场，比2010年增加141场，展览面积由2010年的167.97万平方米增加至2015年的265.4万平方米，单个展

览面积 2 万平方米以上的达到 30 场。2015 年，全市共举办各类会议 12563 场，较 2010 年增加 4443 场，其中 1000 人以上的会议达到 58 场。随着杭州会展业国际化水平不断提升，国际展览个数由 2010 年的 28 场增加到 2015 年的 67 场，占比从 14.29% 提升至 22.56%，国际会议数量从 453 场增加到 692 场。根据国际会议与大会协会（ICCA）最新发布的 2015 年度全球会议目的地排行榜，国内城市中杭州排名第 3（仅次于北京、上海），成为全球 100 强国际会议目的地城市。

**（二）龙头会展成效显著，主题会展精彩纷呈**

西博会作为杭州会展业的金名片，在“十二五”期间依然发挥着龙头带动作用。五届共实现贸易成交额 922.69 亿元，引进内资 798.51 亿元，引进外资 53.4 亿美元，充分体现了西博会在促进经贸科技发展、推动经济转型升级、提高品质生活、展示杭州形象、提升杭州城市国际化水平等方面的引擎作用。杭州市统筹全年会展项目，全年有会展，月月有高潮，设置了“茶为国饮，杭为茶都”“活力动漫，文创之都”“世界遗产，人文杭州”“精彩西博，美丽杭州”“购物天堂，美食之都”等主题活动，打响了世界休闲博览会、电商博览会、文博会、茶博会和中国国际动漫节等一批节展活动在国内外的知名度。在节庆活动方面，举办了市民休闲节、国际旅游节、中国（杭州）美食节、中国杭州大运河庙会等一系列特色活动。

**（三）主体能力持续增强，产业带动作用明显**

杭州现有直接从事会展服务业企业 6606 家，比 2010 年增加 4242 家，会展行业协会单位会员数量达到 216 家，基本形成了项目策划、展馆管理、设计布展、设备租赁等相配套的专业队伍，从业人员逾万人。“十二五”期间，会展产业进一步发挥带动作用，围绕旅游休闲产业、文化创意产业、商贸服务业、金融业、信息服务业、中介服务业、特色农业、战略性新兴产业等优势和重点发展产业，举办了西博会经贸科技合作大会主题论坛、中国全球投资峰会、中国科技与信息产业周、国际（杭州）物联网传感技术与应用高峰论坛、国际电机与系统国际会议、云栖大会、中国（杭州）休闲发展国际论坛等一系列配套会展，同时，结合杭州各区、县（市）产业优势，积极培育特色会展项目，打造“一地一品牌”，有效带动了相关产业发展，促进产业的优化调整、转型升级。

### （四）场馆建设实现突破，办展能力进一步提升

“十二五”期间，杭州着力加强会展设施建设，提升办会办展条件，积极打造“一主五副多馆”。一直困扰杭州会展业发展的大型场馆不足问题取得了突破性进展，总规划建筑面积 84 万平方米、设 5000 个国际标准展位的杭州国际博览中心已基本建成，满足举办高规格的国际会议和大规模综合性展览需求。同时，新建了云栖国际会展中心，对已有的杭州和平国际会展中心、浙江世贸展览中心、杭州市国际会议展览中心、白马湖会展中心、浙江展览馆、杭州海外海国际会展中心、浙江美术馆、新农都会展中心、浙江省博物馆、浙江工艺美术博物馆等展馆的硬件和软件设施进行更新、完善，进一步增加了可用展览面积，提升了会展承接能力。

### （五）交流合作日趋紧密，品牌影响继续扩大

在西博会、休博会、云栖大会等重大会展项目的带动下，杭州会展业进一步加大与国内国际的交流合作。除继续加强与上海、北京、香港、澳门、台湾地区等主要会展城市的会展企业的合作外，还通过官方、民间等多种渠道建立与境内外文化会展机构的联系合作，进一步扩大国际营销，吸引会展项目来杭州举办。杭州会展业依托杭州城市的品牌优势、人文优势、产业优势，充分发挥会展活动的展览展示、宣传发布、贸易交流的平台作用，进一步扩大对外影响力，在 2015 年第七届中国城市会展发展大会上，杭州市被授予“中国会展市场化转型示范城市”荣誉称号。

## 三、济南市槐荫区

山东省文化会展中心位于济南市西客站片区核心区中央，总建设规模为 230 万平方米，将以大剧院、图书馆、美术馆、群众艺术馆和会展中心等场馆建设为载体，将公共功能与产业功能相结合，打造“城市新中心”。

省会文化艺术中心是第十届中国艺术节的主场馆，包括大剧院综合体、图书馆、美术馆、群众艺术馆以及公共配套设施。基于西部新城文化发展战略及济南文化强市的建设目标，西部新城文化中心以西客站建设为契机，依托济南深厚的

历史文化沉淀和独特的“山泉湖河”优势，将西部新城文化中心建设目标定为塑造济南文化走廊，弘扬齐鲁五千年古韵，助推济南新城市建设。

大剧院综合体：位于西客站核心景观轴和腊山景观带两条城市发展带的重要节点，距京沪高铁济南西客站主站房 1.3 千米，项目占地面积 480 亩，总建筑面积 62.5 万平方米，设有 1800 座的歌剧院、1500 座的音乐厅、500 座的多功能厅以及配套的酒店、写字楼等，总投资 56.5 亿元。2013 年第十届中国艺术节将在这里举办。大剧院综合体由世界著名建筑设计大师、国家大剧院主创设计师保罗·安德鲁先生设计，场馆处处展现着“岱青海蓝”的设计理念，既体现了现代新城风貌，又突出了齐鲁大地依山临海的人文与地理风貌，展现出泉城济南山泉交融、沉稳灵秀的文化特色，建成后将成为济南市的地标性建筑。目前，综合体已进入地上工程施工，预计今年年底实现主体封顶。

图书馆、美术馆和群众艺术馆：“三馆”是文化中心重要的组成部分，处于城市功能主轴北侧，紧靠腊山河，规划用地范围约 16.14 公顷（包括腊山河景观带），东至腊山河东路，西至腊山河西路，南至沆西东路，北到兴福路。三馆总建设规模为 38 万平方米，其中图书馆为 4 万平方米、美术馆为 1.5 万平方米、群众艺术馆约 3 万平方米。以三馆为主体，配有书城、影城、配套商业商务，形成文化、休闲、娱乐综合体。建筑形态的设计灵感来自涌动的泉水，建筑外观质感呈现了泉城“湖山倒影”的奇妙景观，建成后将是济南最大的文化设施集群，成为全市的文化亮点。目前，三馆已经全面开工建设。

会展中心：根据规划，会展中心占地约 19 公顷，总建筑规模约 28 万平方米，包括临时展览中心、室外展览广场、综合配套等。它的设计灵感来自泉城的景观特色，以高低起伏的波浪形屋面为设计元素，通过高度和曲线的节奏变化，形成一个统一而又富于变化的标志性建筑形象。这个全新的高起点会展平台具备展览、会议、商务、综合配套服务功能，是一座集智能化、现代化、国际化于一体的综合性会展场馆，建成后将成为立足环渤海、辐射全中国的会展综合体，济南也有望由此跻身全国第四大会展城市。

省会文化艺术中心建成后，将发挥强大的聚集效应，吸引广播电视、新闻出版、信息、戏剧、旅游等文化单位和文化企业参与，积极促进文化与旅游、文化与体育、文化与信息技术、文化与其他产业的结合，推进文企合作、文企联姻，为推动文化产业提供强大动力。

第五章

# 世界会展业的发展进程

会展业是生产力发展到一定阶段的必然产物。从世界范围看，会展业的产生和发展对于稳步推进中国会展业具有显著影响。世界发达国家的会展业模式、先进经验经过提炼归纳后，可以成为借鉴依据。本章主要以世界会展业的发展情况为主线，重点回顾了主要发达国家的会展业发展过程中取得的成功经验，通过归纳总结世界会展业发展中的一般规律，对指导中国会展业发展提供必要参考。

## 第一节　世界会展业的发展概况

会展业是人类经济社会发展的必然产物。自首届世界博览会举办以来，会展产业发展史已逾百年。作为经济效益和社会效益高度统一的绿色产业，会展业起步迅速并很快被欧美发达国家所重视，各国政府对会展业的投入不断加强。当前全球会展业的发展程度参差不齐，差异较为明显。从世界范围看，欧洲会展经济整体实力最强，其中又以德国、意大利、西班牙等国家的会展实力最为雄厚。欧洲的会展发达国家具有一套完善的发展体系和运作模式。另外，它们还极力开拓海外市场，不断扩大自己的品牌会展在国际上的影响力。此外，远离欧洲大陆的美国和加拿大受两次世界大战的破坏性影响较小，经济基础得到持续巩固，也已步入会展经济发达国家的行列。而亚洲、非洲、拉丁美洲、大洋洲遭受战争破坏较为严重，国内局势相对动荡，经济基础较为薄弱，会展业发展水平远远落后于西方国家。目前来看，国际会展业基本上形成了“欧美为主力、亚太为辅助”的会展整体格局。

### 一、工业革命以前：会展业雏形萌生

古代的宗教、祭祀、集会、竞技等群体性活动是现代会展活动的萌芽，比较典型的实例主要有祭祀大典、封禅大典、奥林匹克运动会等，但由于上述活动的目的、过程存在明显的时代局限性，经济现象属性较弱，因此其并非严格意义上的会展活动。集市贸易作为早期会展活动的重要形式之一，是此时期会展业发展的重要缩影。中世纪之前，欧洲商业发达地区已经陆续出现定期举办的集市贸易。进入中世纪，629 年在法国圣丹尼斯举办的交易会被业内人士认为是欧洲最早的国

际性贸易集市，贸易集市开始兼具国际贸易、文化交流、休闲娱乐等功能。12 世纪以来，众多大型的综合性贸易展览活动开始萌芽，如法国以香模为特色的集市逐步发展成为欧洲最著名的国际性集市之一。自 14 世纪以后，技术水平的进步与生产力的发展对传统集市的经营方式产生了较强冲击，贸易集市开始向贸易博览会的形式逐步迈进。15 世纪末期，地理大发现的浪潮在使各大洲的联系进一步加强的同时，也促进了欧洲与世界其他地区的会展活动相互融合与相互发展。

## 二、两次工业革命：会展业发展突起

会展业的发展突起受到两次工业革命的巨大推进。第一次工业革命的兴起使人类进入生产力解放的“蒸汽时代”。19 世纪 70 年代，电力在工业领域的广泛应用又一次提升了生产力。在两次工业革命进程中，以蒸汽和电气为主要动力的机器和各种现代工业产品的先后问世，急需更加高效的市场信息交流场所和更加广阔的营销渠道。因此，紧随两次工业革命浪潮的英、法、德、美等西方发达国家，纷纷将其贸易集市发展成为以工业制品为特色、具有较大规模的国际展览会或博览会，为大规模工业生产提供了有效的市场信息交流场所和销售渠道。

18 世纪末，由法国组织举办的工业产品大众展是世界上首个工业性质的展览会，本次展览会对法国国家形象的提升与对外贸易的发展起到了积极的推动作用，并且促进会展逐步成为国际科技文化交流的重要形式。1851 年，作为第一次工业革命的发起国——英国，在伦敦水晶宫举办了第一届世界博览会，向世界展出了蒸汽发动机、纺织机械等各种现代工业产品。这次博览会被业内视为重要的里程碑，在对后世产生了深远的社会经济影响的同时，也奠定了以后各届世界博览会的基本举办模式。19 世纪末，随着西方市场经济的发展和对外贸易需求的进一步提升，单纯的展示性会展开始逐步与商业贸易相结合。1894 年，德国在莱比锡市举办了首届国际工业样品博览会，商品交易的创新性融入使此次展览会在具有一般展会展示性特征的同时，也具备了商品交易的市场性特征，成功开创了以展示为手段、以交易为目的的新型会展形式，为现代贸易展览会的形成奠定了发展基石。

会展产业在发展过程中所出现的若干组织性问题，同时促进了国际性会展管理政策和组织机构的完善。1928 年，专门用于博览会正常运作管理的第一个世界性的条文是来自法国的《国际展览公约》。同时，1931 年成立了国际展览局，专门用来推进这一条约的正常运转。

## 三、"二战"结束至今：会展业贡献凸显

为了尽快治愈由两次世界大战所带来的创伤，战后各国致力于经济建设和科教事业的发展，一大批因战争而停办的会展活动得以恢复，并且随着专业化的生产方式与细化的劳动分工出现，会展活动的专业化倾向愈发明显。20世纪七八十年代以来，伴随着全球贸易额的不断增长与各国经济的交互融合，会展活动作为国际展示、交流和贸易的重要平台，开始愈发得到世界各国的重视与支持，会展业也逐渐打破区域束缚，日益发展成为具有国际化特征的世界性产业。步入20世纪90年代以后，以信息技术为核心的第三次工业革命与以绿色生态技术为核心的第四次工业革命推动会展业朝着信息化和生态化的方向不断前进。这一时期会展业的展出形式、展出内容与展出质量不断攀升，会展业的发展水平持续提高。进入21世纪以来，会展经济开始成为世界各国经济发展的重要内容之一，围绕着会展所开展的一系列经贸活动不断增多，会展业对经济各部门的贡献力度日趋提升。现今，会展对一国政治、经济、文化等方面的积极作用得到了政府和人民的一致认可，会展行业已经成为世界各国经济发展的重要行业。

## 第二节　当今国际会展业发展格局评价

从国际会展业的发展现状来看，会展业在各国和各地区的发展水平是极不平衡的，欧美地区会展业的发展水平高于亚洲、非洲、拉丁美洲和大洋洲。

### 一、欧洲地区：实力雄厚　数量众多

会展活动最初出现在欧洲地区。欧洲地区的会展业具有起步较早、发展较快、专业化较为明显、科技含量较高这几个典型特征。德国、英国、法国、意大利、西班牙都是欧洲会展业较为发达的国家。以德国为例，德国的会展业基本上代表着世界会展经济的最高水平。首先，德国拥有一批专业化、素质化的会展人才队伍，一整套完备且高质量的展览基础设施，并且，国家制定出适合会展活动完善推广的政策法规体系，这充分保证了德国会展活动的高质量完成。2011 年德国的展馆面积就已经排在全球第三位，其面积达到 340 万平方米。德国拥有世界三大著名的会展中心——汉诺威、法兰克福和科隆。其次，德国展会的国际化水平较高。在德国每年举办的贸易类的展览项目中，有 48% 左右来自国外。另外，德国的会展市场主体实为强劲。据最新数据显示，按营业额度排序，世界十大知名展览公司中德国独占六席。法国紧随其后，会展业是巴黎大区最重要的行业之一，巴黎大区每年举办专业展会 400 多场，大型展览占法国全部展会的 80% 以上，每年参展商近 10 万家，接待观众 900 万人，展会涉及几乎所有行业，平均每天有 5 个展会同期举办，最多的时候，每天有 15 个不同领域的展会同时举办，为本地区带来超过 30 亿欧元的经济收入，创造了 5 万多个全职工作岗位。据统计数据显示，巴黎大区会展有平均 44% 的参展商和 31% 的观众来自法国之外的其他国家，这为

巴黎带来了源源不断的外汇收入。

## 二、美洲地区：发展迅速　带动作用显著

位于北美洲的美国和加拿大会展业的起步略晚于欧洲地区国家，但凭借其雄厚的经济基础和稳定的政治环境，美国、加拿大两国的会展业发展速度很快，目前已经步入会展经济发达国家行列。美国的会展产业受到政府相关部门的高度重视与行业协会的大力支持。目前，拉斯维加斯、奥兰多、芝加哥等已成为美国最著名的会展中心城市，涌现出美国国际展览管理协会、美国专业会议管理者协会、国际会议专家协会等一批专业协会。据相关部门的统计数据显示，2009 年，美国的展会数量大约达到 180 万次，吸引了全球超过 20400 万人次前来参观。仅 2009 年一年，会展业所带来的国民生产总值增加了将近 1060 亿美元。另外，会展活动的开展还提供了数以百万计的就业岗位。纽约是世界会展业之都，在北美会展业有举足轻重的地位。其举办会展带动了纽约各个行业的发展，使其市内的交通系统、港口规模等都有了显著的提升。

## 三、亚非拉及大洋洲地区：蓬勃兴起　经济特色明显

相比之下，亚洲、非洲、拉丁美洲和大洋洲会展经济的发展程度相对落后于欧美地区。由于这些地区大都属于发展中国家，经济社会发展程度较低，导致会展业的发展水平、规模与欧美发达国家存在较大差距。但随着经济水平的不断提升，会展业的发展速度也在不断加快。以亚洲为例，亚洲会展业在日本、新加坡、中国等国家的引领下，近年来取得了一定的发展成绩。其中，日本拥有亚洲最大的会展中心，国际会议市场排名位居前列。新加坡因良好的自然生态和经济基础，占据全亚洲约 1/10 的市场份额。中国近年来会展业每年大约以 20% 的速度递增，会展业的巨头也开始抢占中国市场。此外，韩国、泰国、以色列等国家的会展业与自身独有的文化特色相结合，具备了一定的市场规模，在时下国际会展业中形成了自身靓丽的名片。日本东京国际展览中心是目前日本最大、等级最高的展览中心。以东京汽车展为例，可以很好地说明东京展览业的发展状况。同时，东京汽车展的主题不但反映了物质经济层面的内涵，还在一定程度上反映了精神层面

的上升，它从单纯的宣传汽车到借用舆论联结宣传汽车，主题变化也与日本的经济发展大事件相联结，在宣传汽车的同时，将受大众关注的大事件及动态穿插其中，反作用于展会，扩大了展会的经济和社会效益。

## 第三节　世界主要国家会展业发展模式

会展业发展模式是指一个国家或地区会展业运营和管理模式的基本趋势。根据发展的模式，可以将会展业的发展划分为不同的类别，目前国内外对会展业的发展模式都是根据政府干预力量力度大小划分以及根据市场竞争程度强弱进行划分，按照这种划分标准，会展业的发展模式可以分为政府推动型、市场主导型以及政府市场结合型。

会展业是第三产业的重要组成部分，会展业的兴衰成为衡量一个国家和地区的发达程度以及提高其知名度的重要方式，因此各国都在大力发展会展业。但考虑到会展业在早期发展过程中面临着不小的困难，此时的会展业具有公共产品的属性，迫切需要政府的干预。而随着会展业的发展，政府将会退出干预，采用行业协会以及靠市场机制来发展会展业。因此，按照政府、行业协会的调解力度可以将会展业发展模式分为政府推动型、市场主导型以及政府市场结合型。

### 一、政府推动型模式——以德国为例

政府推动型展会的举办主体为国家政府，是指不同行政等级的政府以投入资金、提供行政资源等手段所举办和组织的展览活动，这些展览活动的主要目的是扩大本区域的经济影响力，宣传本地的文化，推动经济的迅速发展，提高城市在国家中的经济地位和政治影响力。政府推动型展会的举办主体等级也存在差异，可能是由多个政府部门举办的，也有可能是由市级行政单位举办的，还可能是由区、县等一级政府举办的展会活动。这些展会活动以会展业的特点为重要基础，将场馆作为资源配置的主体，在这一过程中，政府占据着主导地位，为会展活动

创造了更大的发展空间。这一类会展业发展模式中，政府的干预较为明显，政府通过行政职能的履行，引导会展企业参与会展活动。

德国作为全球范围内重要的展览举办国之一，全球重要的 150 场专业展览会，近 80% 是德国举办的，因此德国也被称为“世界展览王国”。德国举办的专业展览会不仅受到了展览商的好评，同时也得到了专业观众的支持和喜爱。目前，德国展会经济主要为寡头垄断模式，主宰的公司包括科隆展览公司、法兰克福展览公司、慕尼黑展览公司、汉诺威展览公司等，每年创造的营业收入达到近 14.5 亿欧元。

在会展经济的发展过程中，德国政府始终扮演着至关重要的角色，政府通过宏观调控和行政指导为德国会展业的发展创造了良好的条件，促进了德国会展经济的进步。德国的展览场所大多由当地政府投资建设，政府控制部分股份，并进行市场化经营与管理。举例说明，德国汉诺威展览公司中，下萨克森州政府控制 49.8%，而汉诺威市政府控制 49.8%。德国展览公司不仅是组织展览活动的主体，也是管理展览活动的主体，具体的运作模式包括如下。

### （一）政府参与会展基础设施建设

政府会通过投资建设一些规模较为庞大的展览场馆，并建设配套设施、基础交通设施。德国的展览中心的软硬件条件在世界范围内都是领先的，为展会质量的提升提供了良好的基础。为了保证不同展览顺利举行，政府会对不同利益相关者、展览活动参与者进行协调。举例说明，德国的交通管理部门在展览活动举办期间会派更多的交通管理人员前往展览会举办现场进行道路疏通，确保道路的畅通无阻，而公共交通部门会为展览参观者增设更多的公交班次。在展览场馆内，设置有银行、宾馆、通信设备。德国的展览公司属于国家企业，但政府并不对展馆的日常运营进行直接干涉，而是将经营管理权授权给国际会展公司，政府只对会展行业进行宏观上的调节和控制。

### （二）政府通过行业委员会来管理会展业

20 世纪初，德国诞生了展览委员会，它是德国展览业的行业最高管理协会。在德国展览委员中包括展览组织主体、参展商、购买商三方的力量，三方以合作伙伴的身份对博览会市场进行管理和调节。在德国，展览委员会具有不可动摇的权威地位。为了保证制度的公开化和合理化，德国展览委员会制定了大量的规章制度，避免因内部制度缺失造成国际展览会的重复举办。20 世纪 90 年代末期，德国所举办的博览会数量对比 20 世纪 70 年代多了一倍，但是展览会重复举办的现象却十分少见，不同展览会的类型各异，展览目标也较为清晰。德国展览委员会安排专员前往世界各个国家和地区对展览活动进行考察，并将考察的最终结果编制成报告或文件，为企业的展览活动和政府决策提供了良好的信息来源和决策依据。目前，德国展览委员会是对德国展览行业进行宏观调控的唯一机构，为了避免会展内容重复、提升会展的品牌化效应，德国展览委员会对不同展览的名称进行商标注册保护，并按照展览行业的章程规定，针对展览的类型、展出的时间、循环周期等内容制定了完善的规章制度，对参观者、组织者、参展主体等多方利益进行保护。与此同时，德国展览委员会还和德国的其政府部门展开合作，开展国家会展计划，在国家会展计划得到批准的基础上，德国展览委员会会委托专业的国际会展公司实施计划。

### （三）展馆国有化，但经营权授让给私人

在德国会展公司国有化后，作为展馆的经营者，同时也承担着组织会展活动的重要角色。举例说明，汉诺威国际展览公司在政府的授权下管理的展馆面积超过了 100 万平方米。不仅如此，汉诺威国际展览公司还在世界各地举办展览会，创造的年经济收入达到了 5 亿德国马克。在德国展览公司经营与管理的过程中，场馆经营以及项目经营是集团经营的主要内容。会展公司完成会展项目的规划和组织后，会委托不同的会展服务公司提供会展服务，而这些会展服务公司本身要具备良好的专业能力，能够为参展商和参观者提供高质量的服务。

## 二、市场主导型——以新加坡为例

市场主导型产业是指在资本市场的发展过程中以市场机制调节为重要推动力量的产业，市场主导型的会展业发展模式往往出现在会展业特别发达的地区。这些国家所有的会展业管理模式都是通过市场化的经营和管理来提高在市场中的影响力。而在市场主导型模式中，市场机制的作用得到了最大限度的利用，在帮助企业更加积极地面对市场竞争，提升自身的综合实力，扩大企业规模的同时，实现自身的长远战略目标。

会展活动不能脱离市场机制，当会展业发展到一定程度和阶段时，应该将市场竞争机制引入会展业，用市场机制来配置会展业资源，实现会展业的高效发展。

新加坡地处印度洋与南中国海的分界处，是位于马来西亚半岛南端的一个小岛国，由于它处于太平洋和印度洋航运要道马六甲海峡的出入口这个重要的地理位置，被公认为世界交通十字路口之一。正是由于新加坡处在这样一个枢纽的位置，因此非常适合举办国际性的会展。会展业在新加坡旅游业中占有非常重要的地位。新加坡会展业的发展模式表现为以下方面。

### （一）新加坡政府支持会展业发展

新加坡政府非常支持发展会议与展览行业。20 世纪 70 年代初，新加坡旅游业得到了充分的发展，而新加坡政府也意识到了会展业对于第三产业的作用。在会议旅游掀起一阵热潮时，新加坡政府成立了新加坡会议局。在这一阶段，新加坡的酒店会议设施较为健全，多功能厅的数量也很多，为国际会议旅游市场的开拓提供了良好的物质基础。在亚太地区内，新加坡的新达城国际会议展览中心是最好的展览馆之一，已经承办了众多的亚太地区商业展销活动。其中，由新加坡承办的亚洲航空展是本展业展览的前三名。目前，新加坡每年承办超过 3000 场展览活动和国际会议，在国际展览业中具有良好的口碑，其健全的基础设施和优质服务为参观者所称道。近些年来，新加坡作为亚洲地区的首选会展目的地，被评为世界第五大会展城市。

新加坡政府还竭力提升国内会展业的基础设施，包括通信、交通、酒店、会展设施等服务设施。新加坡樟宜国际机场为世界六大机场之一，每年来往乘客超过 2600 万人次，年货运量 100 万吨以上。目前新加坡开辟的航线数量达到了 500 多条，连接 100 多个地区和国家的 700 多个港口。与此同时，新加坡岛内的交通条件较为便利，环岛公车、捷运系统等发展健全，展览活动的参观主体能够便捷地到达旅游景点或其他城市地点。由于交通、通信、饭店设施的日益发展和完善，促使新加坡逐渐发展成为国际会展中心。

### （二）注重会展业的市场化发展

为了吸引世界各地的投资者前往新加坡建设会展事业，新加坡政府为在新加坡建立总部的企业提供了政策上的优惠，如税收减免等，通过这种方式吸引全球各地的优秀人才和投资商，推动整体经济的繁荣与进步。与此同时，新加坡在为本地居民提供就业机会的同时，还积极地引进国外优秀人才，为提升国际影响力打下了良好的基础。

### （三）会展公司参与市场竞争，但不允许恶意竞争

竞争是保持一个行业发展的重要机制，但并不一定就是价格战。一般都认为，随着会展公司数量以及规模的不断扩大，竞争将会相当激烈。新加坡面积虽小，但却拥有数十家有一定规模的会展公司，竞争相当激烈，但是诸如降低场租、参展费等引起的价格竞争并未在新加坡出现，会展公司很少打价格战。会展公司关键在于以服务取胜，对展会而言，参观者的数量往往无法决定展览活动的效果，关键在于参观者的专业性和参观质量，为了掌握参观者的具体情况，往往会向参观者发放调查问卷。例如，励展集团曾希望举办家具展，后经调查已经有其他公司举办过这类展览，于是放弃了该项目。而在国内，如果一个展览取得了良好的效果，类似的展览就会频繁出现，具有严重的重复性，造成同类展览活动的泛滥。

## 三、政府市场结合型——以美国和法国为例

### （一）美国

以美国为代表的政府市场结合型的行业管理模式，具有较强的民间性，在管理上规范宽松，政府实行直接与间接管理并存。

美国会展业的管理主要靠行业自律，会展业的管理属于企业推动型的协会管理模式，即以企业自愿参加为特点，具有较强的民间性，主要通过自律机制和自律规范相对独立地承担管理责任，没有专门的政府部门通过行政手段来直接管理会展业。任何商业机构和贸易组织都不需要特殊的审批程序，即可以进入会展业，会展项目基本上也不需要审批。

行业协会在会展业发展中起到重要的协调作用。美国会展行业协会为企业提供技术与信息服务，用行业自律的方式规范市场秩序，协调政府、企业、消费者之间的关系，同时实力强劲的行业协会，如美国展览管理协会（IAEM）与联邦政府、国会都保持着密切联系。当政企发生矛盾时，行业协会会寻求国

会的支持与介入，以制衡为原则，处理政府与行业协会的关系。美国政府对会展业提供间接支持。美国政府对会展业的间接支持主要体现在对美国国内展览会进行审核认证，这项工作由美国商务部具体负责。主要目的是通过对展览会的质量和组展水平进行认证和监督，以保证美国企业参加在美国国内举办的展览会都能取得较好的参展效果。

### （二）法国

#### 1. 展馆由政府投资

在法国，由法国各级政府负责投资建设展览场馆和基础设施，而国有场馆公司负责这些展览的日常经营和管理工作，展览公司不参与经营并且也不拥有场馆设施，但负责提供展馆服务。政府提供展馆设施，但是却不直接或间接地干涉展馆的经营，这是法国会展业发展模式的一个特殊之处。

#### 2. 以市场为导向的展会模式

在法国，政府不参与展馆的经营。由法国各级政府负责投资建设展览场馆和基础设施，而国有场馆公司对这些展览的日常经营和管理工作负责，展览公司不参与经营，但提供展馆服务，也不拥有场馆设施。政府提供展馆设施，但是却不直接或间接地干涉展馆的经营，通过这样的经营方式，会展公司的竞争公平性得以保证，也能够提高会展产业的专业化程度。因此从这方面来说，法国政府推崇的是公平竞争的、以市场为导向的展会模式。

#### 3. 会展业委员会在法国会展业中发挥积极作用

在会展业的运作模式中，法国会展业委员会代表政府对会展行业进行监督和管理。对比德国展览委员会来说，法国会展业委员会也享有管理权，不仅负责对会展行业的管理制度进行制定，组织培养会展专业人才，与此同时还需要对会展经费进行分配和预算，对国家的展览计划、展览主题进行计划，根据国家驻外大使馆经济处的相关意见和参展企业的建议，对展览行业的相关事务进行调整，并报告给分管部长。

#### 4. 展览公司在市场竞争中实行优胜劣汰

20 世纪 50 年代，法国展会的重复性较高，相同的行业内重复展览较多。在市场机制的作用下，一些经营不善的展览会被市场所淘汰，而保留下来的展览会不断扩大，直至获得良好的影响力和一定的规模，在市场中形成垄断地位。展览公司重视对展会场馆的建设，并通过大量的宣传来提高展览会的影响力。这些展览公司将组织参观群众作为工作的重点内容，花费大量成本来拓宽展览会的市场。在观众质量较高的情况下，参展公司才会选择再次参加展会。一些具有品牌影响力的展览公司能够吸引到充足的参展商，但却无法保证有足够的参展观众，进而造成展会质量的下降。从某种程度上来看，展会的效果是否良好，取决于观众的组织程度，而不是盲目地追求参展商的数量。

## 第四节　世界会展业对经济的拉动效应模式

德国慕尼黑展览公司总裁门图特说：国际会议的召开，对城市产生的经济效益是显而易见的，这就好比在城市上空有一架飞机正在往下撒钱。这段话对国际性会议和现代城市发展的关系进行了生动的解释。一般情况下，一个城市是否能够跻身国际大都市，与召开国际性会议的规模和数量有着密切的关系，这也是判断城市国际化程度的一个关键指标。因为国际性会议的召开，不仅可以给主办城市带来比较可观的经济效益，更能提高举办城市的国际知名度。下面选取四个著名的国际会议城市——瑞士的日内瓦、奥地利的维也纳、法国的巴黎以及美国的纽约为例，简单揭示国际性会议与城市发展的内在关系与互动效应。

### 一、日内瓦的互动效应

日内瓦是一个历史悠久的国际都市，历来就以其深厚的人道主义传统、多彩多姿的文化活动、重大的国际会议、令人垂涎的美食、清新的市郊风景及众多的游览项目而著称于世。当然，吸引世人目光的不仅是日内瓦旖旎的自然风光和历史悠久的名胜古迹，更为重要的是它多次成为重大国际会议的举办会场而获得“和平之都”之美誉。日内瓦还是许多国际性组织的总部和办事机构的驻设地，每年召开的国际性会议为数甚多。早在第一次世界大战前后，日内瓦就被选为联合国前身——国际联盟的所在地。被人们称为“万国宫”的国际大厦就位于日内瓦城区的东北角，原本是国际联盟的所在地，如今已成为联合国欧洲总部。“万国宫”不仅是世界近代史的一个缩影，也是日内瓦作为国际性大城市的一个重要象征。目前，在日内瓦设置了 200 多个人道主义机构以及国际公益性组织，作为国际政治、文化中心，包含妇女和平自由联盟、联合国驻欧洲总部、万国红十字会、童子军总部等。

每年日内瓦都会召开超过2000场国际会议，来自世界各国和地区的专家以及专业代表前往日内瓦，为日内瓦带来的经济收入达到40亿瑞士法郎。日内瓦成为"国际会议之都"并非偶然，除了自身拥有良好的自然条件外，便利的交通和拥有众多的豪华旅馆，以及大量的电传线路和精通各种语言的口笔译人员，都是其他城市所难以具备的优越条件，是日内瓦成为"国际会议之都"的重要基础，同时也在继续稳固日内瓦作为国际性会议城市的地位。

## 二、维也纳的互动效应

维也纳在世界上素以"音乐之都"而闻名遐迩。作为奥地利首都，维也纳不仅是该国的政治、经济和文化中心，而且也是欧洲最古老和最重要的文化、艺术和旅游城市之一。维也纳在国际舞台上还是一个举足轻重的国际会议性城市。在维也纳，设置有联合国办公机构以及石油输出国组织的办公机构，1979年联合国还在这里建成了奥地利国际中心，气势宏伟的现代化大厦成为当今维也纳的一个重要景观，也使维也纳成为除纽约、日内瓦外的第三个联合国城市。

目前，维也纳已成为最多举办国际性会议的城市之一。相关统计数据表明，2003年共有292场大型国际会议在维也纳举行，同时，在维也纳举办的还有98个国家会议和1026个工商企业主办的各种活动。这些会议为维也纳旅馆业提供了80.4万人住宿，创造了6000个工作岗位，营业额达7000万欧元，已超过了伦敦和布鲁塞尔，仅次于巴黎而排名第二。基于政治、历史和文化的吸引力，维也纳的会议住宿一直呈增长的态势，约占整个维也纳旅游住宿的10.1%，而且会议旅游所创造的营业额一直在以10%的幅度继续增长。可见，国际性会议以及与之相关的会议旅游给维也纳带来了巨大的商机。

维也纳之所以被各种国际性会议所青睐，首先是因为维也纳具有位居欧洲心脏的区位优势，交通十分便捷；其次是因为维也纳政治稳定、社会安宁，具有深厚的历史文化底蕴；最后是因为维也纳具有优质的旅馆服务等。

## 三、巴黎的互动效应

在欧洲，法国巴黎作为第二大城市，是世界上享有盛名和繁荣的国际大都市之一。巴黎既是法国最大的工商业城市和法国政治、文化和科技中心，也是闻名世界的文化名城和“国际会议之都”。巴黎以其优美的自然环境、丰富的名胜古迹、多姿多彩的文化活动以及现代化的服务设施成为众多国际会议的举办地，在巴黎设置有经济合作与发展组织的总部、联合国教育、科学、文化等组织的总部。

按照巴黎旅游局的权威统计结果显示，2004 年，巴黎接待了 2.5 亿法国本地和世界各国的游客，对比 2003 年，增加了 50 万人。目前，巴黎是世界范围内接待游客数量最多的城市，同时全球第一国际会议中心的地位也是不可动摇的。统计还显示，2003 年，巴黎召开的国际会议数量为 228 个，2004 年达到了 272 个。对比其他国际会议城市来看，巴黎举办的国际性会议数量远远领先，维也纳和日内瓦位居第二。对巴黎来说，旅游产业作为支柱产业，创造了大量的就业机会，促进了巴黎经济的进步，而国际性会议的举办发挥着至关重要的作用。仅以旅游业为例，2004 年，巴黎一共有 1444 家不同星级的酒店和旅馆，从事酒店行业的人口数量达到近 14 万，是巴黎市就业人口的 10%。这样的规模在国际上看都是可圈可点的。

## 四、纽约的互动效应

纽约作为世界特大级城市，是美国的文化中心、金融中心和商业中心。华尔街位于曼哈顿南部，大楼耸立，集中了美国核心银行、证券交易所还有保险公司，同时还集中了大量世界 500 强公司的总部。在美国，运输业最为发达的地区就是纽约。纽约港的海岸线总长度达到 1046 千米，在美国，新奥尔良的货运量位于全国第一，而纽约的货运量居于全国第二，装卸设施、库藏设备、船坞设备均表现为现代化、信息化。在美国，纽约的对外贸易居于全国首位，仅纽约港，就占了美国对外贸易的 20%。在纽约，港口、河运、航空、地面交通等构成了一个完整统一的交通运输系统。目前，世界客运量、货运量规模最大的航空港就是肯尼迪国际机场。

纽约的文化教育事业在世界范围内也是领先的，是世界的广播电视中心和文化教育中心，高等院校数量达到 94 所，公立学校数量达到 976 所，私立学校达到 914 所。与此同时，纽约还拥有大量的图书馆、艺术研究所、博物馆、科技研发机构等。目前在全美洲范围内，规模最大的一所博物馆就位于纽约，即大都会艺术博物馆。与此同时，纽约还有大量的游乐场、音乐厅、公园、剧院、艺术画廊，公园的数量已经达到了 100 个以上。

需要强调的是，在纽约设置有联合国总部，这是纽约能够成为国际会议之都的一个关键因素。每年在纽约召开的国际会议数量是世界上其他国家根本无法与之比较的。根据权威统计结果显示，每年在纽约一共召开 27.1 万余个国际会议，规模、大小、类型、主题都各异，有大量来自世界各国和地区的会议人士前往纽约，人口数量达到 6.7 万人以上。在会议召开期间，产生的消费规模达到 37.6 亿美元，创造的就业机会达到 75 万个以上。根据相关统计结果显示，会议人员的消费能力较强，对比旅游人士来看，所产生的消费规模是一般游客的两倍。平均来看，1 万个会议人员在会议召开期间在饮食、旅馆、采购、零售消费等方面产生的消费规模将达到 750 万美元。除去会议费用上产生的消费以外，在经济拉动效益的作用下，还能够带动相关产业的经济效益，劳动系数达到 2.01。换而言之，会议人士产生 1 元的消费，至少拉动当地经济产生 2 元的收入。

总体来说，不论是经济类的展览会，还是工业技术设备展览会，或者是大型国际性会议，无疑已成为现代服务业的重要组成部分，并且在现代服务业的发展中发挥着引领和助推作用。

通过本章的分析我们认为，会展业的发展必须具备一定的基础条件，包括经济的发达程度和发展特色，产业结构和市场需求，环境与交通的因素，第三产业特别是现代服务业的发展状况等。具有特色的会展业的基础，可为有特色的区域性产业的发展提供禀赋和条件。在产业转型升级发展的大背景下发展会展产业，具有非常重要的意义。

各种类型的会展要充分结合当地经济发展的特征与优势，为当地的优势产业做好服务和支撑工作。从全球著名会展城市的发展经验中可以看出，会展业发展对现代城市发展将产生重大影响，在某种程度上甚至决定一个城市的定位和城市的国际影响力。现代城市通过举办会议展览活动，不仅让世界各地最先进的经济、技术、文化在会展举办城市进行交流与碰撞，让举办城市从中得到学习和提升，而且也能使举办城市快速形成自身品牌并迅速向外推广，迅速提高城市的国际知名度，增强城市竞争力和吸引力。

## 第五节　世界会展业发展趋势

### 一、更加关注现代科技与实物展览结合的同时秉承环保观念

伴随着社会经济的发展，传统会展业已经不再适应日益增长的科学技术的要求。如今，信息技术、网络技术的不断发达，电子邮件和电子支付手段的逐渐成熟，也为世界会展业的发展转型注入了新的能量。特别是科技革命带来的新工艺、新材料、新能源等，使现代会展业的发展更加现代化，也更加智能化，运行效率和整体举办效果要明显优于传统会展业。实际上，随着人类社会的持续推进，科学技术势必将在未来会展业中发挥越来越重要的作用，也将逐渐主导未来会展业的发展，未来世界范围内的会展业将不可回避新科技和智能化。借助如今发达的网络信息优势，参展商和参展观众可以利用更加智能化的方式参与会展、享受会展，也极大地推动了会展业的便利性。如今手机 App 等客户终端可以为展商提供更好的展览产品推介平台，展商可以通过平台发布更加详细、立体化的展品信息。而参展观众则可以借助个人移动设备在网络覆盖的任何地方浏览和选择自己喜欢的产品，如此一来，大大简化了展商和观众之间的洽谈时间，使最终的交易更加精准，降低了双方的风险，最终提高了经济效益。这种网上虚拟展览会的形式弥补了实物展览时间和空间的限制，展出空间将无限广阔、展出时间也更长，经营规模不受场地限制，能够有效增加大量的潜在交易机会，与实物展览相结合，促进会展发展。

世界是一个相互联系、相互统一的整体，发达国家会展业已经走过的道路表明，粗放的、低效的会展业发展不利于会展业的可持续发展，发展中国家如果在未来发展中不加以调整，势必成为发展的“瓶颈”。目前，在世界范围内，许多产

业的效益在传统发展中更加注重“生态”和“环保”要素，也逐渐转变以往只关注“经济效益”和“社会效益”的层面，开始考虑“生态效益”对企业发展带来的长远利益，那种严重破坏生态环境的会展业将在未来的会展中逐渐消失。而“绿色”“可持续”“生态”等题材的会展在近年来的会展中不断涌现，2010 年美国国际消费类电子产品展览会的主题就定义为“绿色”，而 2012 年，德国汉诺威工博会的主题定为“绿色与智能”，设置了有关能源和材料类的展区。

## 二、会展内容将更加细化并体现专业性和会展一体化增强

在当前世界会展业领域，专业性的展览已经成为发展的主流，也代表着未来会展经济的发展趋势。与传统会展相比，专业展览将更加关注某一个主题，针对性将更加明确，目的更加专业。传统展会一般由行业协会组织，并且多为综合性展览，这种展览形式加大了展会成本，也不能明确重点。但是，伴随着展会之间的激烈竞争，越来越多的行业协会将展览会卖给了专业展览公司，或者和专业展览公司合资，而行业协会只保留一定量的股份，把展会的经营全部或部分交给展览公司经营。近年来，会展越来越多地关注专业化和品牌化发展，原来一些综合性的展览被逐渐细化为若干个专业展，专业性更强。如法国在建材领域的 BARMAT 展、在包装领域的 EMBALLAGE 展、在农业领域的 SIMA 展等，诸多形式更加专业化、更加精细，而不是以往笼统的展会形式。2012 年，德国汉诺威展览公司在中国共举办展会 16 个，其中有 15 个展会为专业性质展览，其凸显了未来会展业发展的方向。这种更加精细的、专业化的展览形式能够集中反映某个行业或者某个组织的整体状况，具有很明确的市场功能，也将会逐渐受到未来会展城市的青睐。

所谓的“会展一体化”，是指世界会展未来将更加注重“展”与“会”的结合，“展中有会、会中有展，以展带会、以会促展”，两者相辅相成，共同发展。目前来看，国际性的会议一般以会议为主，其中也会举办一些与会议主题相近的展览活动；而世界性的展览会虽以展览为名，但是期间也会开展相关内容的研讨会、专题会，使会议和展览进一步融合。在当前社会经济发展形势日益交融的时代，单纯的会议或展览已经很难满足展商和参展观众的需求，如果转向会展一体化，将会展与商业、旅游、文化等产业方向融合，未来会展的效率将大大增强，也会

带动相关产业的发展，提高举办地区的整体形象。

## 三、国际化进程加快的同时会展规模不断扩大

世界会展越来越细的分工以及展商的全球化经营道路，使未来会展业将逐渐呈现国际化进程加快的趋势。目前，世界经济经历了复杂而深刻的变化，同时也面临着前所未有的机遇和挑战。2015 年，全球经济复苏持续乏力，步履蹒跚，国际贸易延续低迷态势，全球金融市场大幅震荡，地缘冲突加剧。主要经济体需求仍然疲软，投资和消费乏力，贸易增长下降，保护主义开始盛行，挑战超出预期。2015 年，美国国内生产总值比上年增长 2.4%，日本增长 0.4%，印度增长 7.5%；根据国际货币基金组织最新预计，欧元区增长 1.5%，南非增长 1.3%，俄罗斯下降 3.7%，巴西下降 3.8%，联合国、世界银行和国际货币基金组织（IMF）等国际机构不得不多次下调全球经济增长预期。面对这种全球化的大环境，国际产业转移、产业链的明确分工使国际会展业的题材分布发生了结构性调整，发达国家更加关注高科技与高附加值展览，而发展中国家将更加关注以消费品和工业类题材为主的会展形式。

由于市场对会展的要求越来越高，单纯依靠某一家展商或某个国家已经难以适应世界会展业的发展趋势，部分实力较弱的小型展览公司逐渐被兼并收购，形成了展览公司的集团化、国际化趋势，国际化程度就逐渐提高。通过兼并合作，可以更好地利用国内和国际两个资源，开拓国内、国际两个市场，实现优势互补，达到资源的优化配置。众所周知，会展业是一项高额利润的行业，投入大、回报快，这对于企业而言，促使其不断提高自身影响，把目标更多地投向国际市场，扩大集团范围，不断提升国际参与程度，从而使如今的会展规模越来越国际化、越来越大型化。

## 四、会展中心逐渐向发展中国家转移并呈现多极化发展趋势

欧美国家借助雄厚的经济实力以及丰富的会展经验、高质量的服务、便捷的交通基础设施，使世界会展市场多数集中在欧美发达国家。但是伴随着世界经济的发展，经济多极化趋势明显，亚洲部分国家经济逐渐崛起，带来了会展经济的

重心也逐渐东移，亚太以及拉丁美洲部分地区的各大会展城市迎来了发展的机遇期。作为亚洲地区唯一的发达国家，日本拥有亚洲最大的会展中心，而中国社会经济在历经了 30 多年的改革开放之后，成效显著，会展经济得到了明显提升，加之中国会展市场潜力巨大，会展业拥有更为广阔的发展空间。据国际展览联盟（UFI）组展商趋势来看，亚太地区已经成为当前国际会展业格局中最为活跃的市场，在国际会展业中发挥着越来越重要的作用。基于此，未来国际会展将逐渐形成欧洲、北美洲和亚太三大地区共同支撑的局面，已经处于领先地位的欧洲和北美洲地区将逐渐进入会展后发展阶段，展会数量、展览场馆将稳定在较低水平；而以亚太为代表的新兴市场，会展基础设施投入将明显提升，会展数量和规模也将保持较高水平。以产品生命周期理论为重要基础，发达国家将通过产业转移，把成熟产业转移到发展中国家，而会展产业也出现了产业转移的趋势——一些经济实力较为雄厚的工业发达国家将一些专业化的品牌展览产业转移到发展中国家。

同时，会展经济集中格局也呈现出多极化趋势，从世界范围看，主要形成了欧洲、北美两大传统会展业中心，也并存着亚太、南亚、中东、拉丁美洲等新兴会展经济带，特别是新兴经济体国家在发展国内经济的基础上，特别注重承接国际产业转移，表现出了极强的经济弹性，也带动了新兴经济体国家会展业的发展。作为其中的典型代表，中国、印度和巴西等国家的会展业发展增长趋势明显。

## 第六节　世界会展业对中国的启示

会展经济在我国作为一个新兴的经济形式已经日益显现出其强大的生命力，会展经济所具备的产业化特征也日益明显，具体体现为会展经济的产业链不断延长，所取得的经济效益不断增加，会展经济的规模不断扩大。对比来看，国外会展经济发展的过程中，在国民生产总值中，会展经济所创造的生产总值比重达到 0.2 个百分点，而目前我国该比重不到 0.1%。因此，学习和借鉴发达国家会展业的发展经验，提升我国会展业的水平和质量成为亟待解决的问题。通过以上分析可以看出，在会展业发达的国家和地区，不论是政府主导型的会展业还是市场主导型的会展业，都注重会展业中政府的宏观管理与市场竞争机制的引入，注重行业协会与会展业的自律发展。我国会展业虽然看似政府主导，但却表现出政府越位与缺位并存，市场机制引入较少，恶性竞争严重等现象。我国大部分的大型展览活动都受到了政府的干预和控制，造成市场竞争秩序的混乱。地方政府出于政治考虑，在办展上不计成本，这必然导致我国会展业的市场化程度不高。从市场竞争角度看，我国目前举办的会展大都缺乏明确的定位，不少会展没有重点主题，雷同现象严重，此外，许多城市还未设立具有权威性的会展管理部门或行业协会。国外会展业发达的国家与地区给我们许多启示。

### 一、明确政府在会展业的职能与定位

明确政府在会展业的职能与定位，政府做到不缺位、不越位。政府主导型会展模式强调以政府作为资源配置的主要方式，为当今世界许多国家所采纳，其核心是在坚持政府对会展经济起主导作用的同时，充分重视市场机制的作用，实现

市场资源的合理配置和优化组合。[①] 德国会展业发展之所以较为成熟，在于采用了政府主导的形式，该种方式明确了政府在会展中的职能，也就是明确了发展的方向，对于把控会展发展具有关键作用。

由于我国会展业的发展仍然处于起步阶段，因而政府在宏观层面上的干预目前来说还是有其必要性的。我国会展经济得到发展的过程中，政府应当对自身的职能进行及时的调整，避免对会展企业经营和生产的直接干预，而是将行政指导和宏观调节作为行业管理的主要手段。政府应当逐步弱化政府部门对会展行业的微观管理，在减轻政府部门负担的同时，给予会展行业更大的自由度。政府应当对会展市场进行深入的调研，并以调研结果为基准，制定行业指导意见，并颁布完善的法律和行政规定，监督企业的经营行为。

## 二、完善的法律法规

会展业发展较为发达，且发展层次较高的国家均制定了与本国会展业相配套的法律法规，很好地保障了本国会展业的运营有章可循、有法可依。如果没有法律法规的约束，会展业的规模和质量也将难以保证，势必会回归到原始的物物交换时代。只有加强法制建设，建立符合市场规律的市场准入制度，才能避免重复建设造成的资源浪费，才能够对会展业的相关内容、相关规范加以约束，才能够保证国内、国际的会展交流顺畅，促进会展业经济的有序进行。比如，德国、法国、英国、意大利、美国等国家均建立起了较为完善的会展法律体系，德国政府的展览机构——德国展览委员会对展览会制定了各种措施，如对展览名称给予类似商标的保护，以制止展览会“雷同”和“撞车”，保护名牌展览。同时，德国政府及会展行业协会制定了有关会展的环境保护法规，包括法律实施范围、责任、罚款等规定。[②]

## 三、充分发挥市场机制

我国会展业在发展过程中，往往存在定位不明确、组织管理模式落后的问题。而国外会展市场往往存在一个很明确的细分主题，集约化强，会让展会更加具有

---

①② 剧宇宏．我国会展业可持续发展研究［M］．北京：中国法制出版社，2014.

吸引力。在市场交易中，会展活动作为重要的形式之一，要求存在市场化的经营和生产主体。在会展业发达的国家或地区，无论是哪一种会展业管理模式，其作用机制都是通过市场化运作实现的。市场机制的充分发挥有利于促进真正的市场主体——会展企业积极参与市场竞争，在这一过程中，会展经济中的国有成分应当逐渐弱化，鼓励多种经济成分共同竞争，形成具有活力的市场竞争格局。各级行政部门应当摒弃自身的利益，鼓励展览公司进行重组、兼并，形成具有规模的大型展览集团，并引导这些展览集团参与国际竞争，提升自身的服务质量，扩大自身的服务规模和经营范围。会展企业的集团化是会展产业发展的必然趋势，也是市场竞争中企业的一种经营战略。我国会展行业的集团化可以分三步走：一是采取横向联合、纵向联合、跨行业合作等灵活多样的组织形式，组建会展集团；二是开展品牌竞争；三是实行海外扩张。

## 四、发挥行业协会组织的作用

行业协会是同行业的企业法人和自然人自愿参加的非营利性组织。行业协会是政府与企业的桥梁和纽带，能够承担政府想做但无精力做、单个企业做不到而市场需要的事情，成为政府、企业之外推动国家经济建设和发展的第三种力量。行业协会是民间性质的社会团体，其参加成员的自主性、运行的自治性、经费的民间来源性均有利于行业协会摆脱各种行政干预而具有独立性，通过行业治理实现行业会员在权益上的互依性和公平性。

会展经济的健康发展离不开完善的制度、规范的管理以及健全的法律规定，这一点在国际社会中已经得到了共识，并被不断证明。从上述的分析中我们可以看出，不论是市场主导型的国家还是政府主导型的国家，都重视行业协会在会展业管理中的积极作用。会展业作为基础型产业，本身的组织化程度较高，需要政府部门和行业协会对其进行管理和调整，在这一过程中，政府的行政管理并不会发挥其良好的作用，而需要行业管理协会建立起符合市场发展实际的管理方法和规范条例对行业内部进行协调和约束。

## 五、加强会展业专业人才的培训

专业的人才队伍是举办各项会展的重要力量，拥有一批专业素质高、业务能力强的会展队伍对于成功举办一次会展具有重要作用。发达国家都有一套完整的会展业人才的培训制度，而且有的国家还积极从国外引进所需的会展业专门人才。会展业的人才多是复合型并且注重实践，在培养会展人才时，应当将培养复合型人才作为培养方向，从人才的基本能力和专业素质来看，会展人才在具备专业技能的同时，还应该具有高尚的道德修养和文化素质，如美学常识、文学素养等。与此同时，会展人员应当能够对活动进行合理的策划和组织，并实现和参展商、参展主体的有效交流和沟通。我国会展教育的发展较不成熟，缺乏丰富的会展人才，师资力量、课程安排与设置、教材设计等方面存在较多的缺陷和不足，造成会展人才培养质量的下降。我国政府应当重视会展教育活动的开展，为会展行业的发展输送源源不断的优秀人才。

# 第六章 “文化创意＋”视角下的会展业新业态

本章将着重阐述新形势下，会展产业将来的发展思路问题。先后从科技进步对会展业发展提出的新要求、“文化创意＋”会展业产业链延伸状况、3.0时代和中国制造2025时代下的会展业发展趋势四个角度进行了详细论述，力求通过明晰发展思路，提出更进一步的发展路径。

## 第一节 科技进步对会展业发展提出的新要求

### 一、创新驱动发展战略

党的十八大明确提出“科技创新是提高社会生产力和综合国力的战略支撑，必须摆在国家发展全局的核心位置”。强调要坚持走中国特色自主创新道路、实施创新驱动发展战略。

实施创新驱动发展战略，对我国形成国际竞争新优势、增强发展的长期动力具有战略意义。改革开放30多年来，我国经济快速发展主要源于发挥了劳动力和资源环境的低成本优势。进入发展新阶段，我国在国际上的低成本优势逐渐消失。与低成本优势相比，技术创新具有不易模仿、附加值高等突出特点，由此建立的创新优势持续时间长、竞争力强。实施创新驱动发展战略，加快实现由低成本优势向创新优势的转换，可以为我国持续发展提供强大动力。

实施创新驱动发展战略，对我国提高经济增长的质量和效益、加快转变经济发展方式具有现实意义。科技创新具有乘数效应，不仅可以直接转化为现实生产力，而且可以通过科技的渗透作用放大各生产要素的生产力，提高社会整体生产力水平。实施创新驱动发展战略，可以全面提升我国经济增长的质量和效益，有力推动经济发展方式转变。

实施创新驱动发展战略，对降低资源能源消耗、改善生态环境、建设美丽中国具有长远意义。实施创新驱动发展战略，加快产业技术创新，用高新技术和先进适用技术改造提升传统产业，既可以降低消耗、减少污染，改变过度消耗资源、污染环境的发展模式，又可以提升产业竞争力。

2018年全国科技工作会议提供的数据显示，2017年我国国际科技论文总量和被引用量均跃居世界第二，发明专利申请量和授权量居世界第一，有效发明专利保有量居世界第三，全国技术合同成交额达 1.3 万亿元，科技进步贡献率达 57.5%。“十二五”期间，我国科技创新能力显著提升，主要创新指标进入世界前列。2017 年，我国社会 R&D 支出达到 1.76 万亿元，比 2012 年增长了 70.9%，全社会 R&D 支出占 GDP 比重为 2.15%，超过欧盟 15 国 2.1% 的平均水平；2017 年，国际科技论文总量比 2012 年增加了 70%，国际科技论文被引用量首次超过德国、英国；我国国家创新能力排名从 2012 年的第 20 位上升至 2017 年的第 17 位；近 200 位中国科学家担任重要国际科技组织领导职务。科技进步，不仅对于提升我国科技水平和科技能力有很大帮助，更重要的是提振了我国的民族自信力，提高了我国参与国际市场的竞争力。

## 二、未来会展业将走向智慧化

VR 是近年来一个比较“时髦”的话题，在大大小小尤其是科技类的展会上，总会出现排队等着戴 VR 眼镜体验虚拟现实的人群。VR 技术与会展业的融合不光会给传统会展带来冲击，同时也为会展业的发展注入新的活力。原来需要百十平方米才能得以摆放的展品，在融合了 VR 技术之后，也许只需要一个小展位、一副 VR 眼镜就能实现。AR 增强现实技术和 VR 虚拟现实技术现在确实很火热，AR 和 VR 技术现在应用体现的最热的场景是在游戏领域，而 AR/VR 技术如何和会展业结合，这一点确实需要格外关注，应与一些技术和平台公司，甚至研发团队有所接触，毕竟身处互联网行业领域，快和新是企业生存下去或者能够跑在他人前面的关键所在。

AR/VR 技术一旦应用到会展行业，那么，在未来也许会有这么一天，利用 AR/VR 技术构建一个专业服务会展行业的平台，在平台上“真实”展现展会的全场景。整个场地空间，每一个参与展览的品牌等一切都以线下实际的场景进行技术展现，而线上的浏览者能够进入虚拟的空间“逛展会”，对每一个感兴趣的参展品牌，都可以通过技术交互实现访问、咨询、下单、成交。而对每一个浏览者来说，只要进入平台展示空间，将对其所有行为轨迹数据进行统计和分析，如看了哪些展台、对什么展品进行了关注，并通过平台提供给相对应的展会组织者和参展商，这将会很有价值。然而，受制于地域、线下空间等因素制约，一场展会的线下的关注和能够亲临现场的必然是有限的，但是互联网的技术解决了时间和空间的限制问题，当把 AR/VR 技术深入应用到会展领域，那么不但能够受到更多的关注，一场展会的存在时间将得到无限的放大，其影响力也将无限地延长，而通过平台化对数据进行有针对性的分析，甚至能够针对不同的受众群体进行个性化的展馆形态展现，进一步提升体验。

虽然虚拟展厅、在线虚拟展会这类形式早些年就具备了，但是均是根据某一场景定向打造，而且技术成本非常巨大，很少有人愿意为此“埋单”。而过去，对体验者而言除了形式新颖外不再有其他，无法完成深度的行为数据统计和挖掘分析，也无法实现在虚拟空间的交互咨询和下单成交。到今天，虽然一些问题依然存在，但是可以预见的是很多的问题已经在得到优化和改善，当这些已经成为可以在会展业真正商业化应用的时候，有理由相信 AR/VR 在展会上带来的绝对是一种巨大的冲击，它改变了展会的时间和空间的限制，无限地放大了作用和价值。

未来的会展业的发展方向将是数据化和智能化的，也可以说是智慧化的。随着互联网、移动互联网在中国的进一步普及和深化，以及中国传统会展业在互联网、移动互联网领域的深一步应用，更加有着政策力量的背后推动，信息技术必然成为会展业创新发展的驱动力，“会展业 + 互联网”显然只是第一步，但同时也是必由之路。中国的会展业目前正处在一个承前启后、继往开来的重要时期，在接下来的几年里，我们会看到传统会展业在网络化延伸、电子商务的跨界融合，还有通过移动客户端和专业化会展服务 SaaS 平台相结合的方式实现线上线下的融合例子会越来越多，结合度会越来越深入，会展管理与服务都会呈现出更加信息化、人性化的特征，有针对性地提供服务，方便参展商和观众实时掌握动态化展会信息，实现参展商对布展、展会进行中的展位动向的全过程监控，实时提供的参观者数量数据，科学监测展区参观人数、交通、安保状况，利用科学技术打造现场演示、触摸体验、信息交流、网上预约等多个链接交换平台和特色化参展、观展方案制订，打造真正的智慧会展形态。

## 第二节 “文化创意 +”会展业产业链延伸分析

### 一、“文化创意 +”产业链

产业链是各产业之间基于一定的技术经济关联，并依据特定的逻辑关系和时空布局关系客观形成的链条式关联关系形态，包括价值链、企业链、供需链和空间链四个维度。文化创意产业是审美经济时代的主导产业，国内外研究表明，它是以创作、创造、创新为根本手段，以文化内容和创意成果为核心价值，以知识产权实现或消费为交易特征，从物质和精神两方面为社会公众提供文化体验的产业，其产业链的延伸主要体现在纵向延伸（规模数量分工）和横向延伸（空间扩展分工）。

从一般意义来讲，文化创意产业链上包括所有上下游的企业，主要有五大主体，即创意主体、制作主体、传播主体、服务主体和延伸主体。根据文化创意产业“创意”属性的强弱，可将文化创意产业划分为三个层次，即核心创意产业、外围创意产业和边缘产业。核心产业主要包括广播电视电影业，广告会展业，软件、网络及计算机服务，艺术品交易，设计服务，休闲娱乐六大产业，创意主体占据重要地位；外围产业主要包括文化旅游、新闻出版业，原创性较弱，创意制造属性较强；边缘产业主要由传播、服务及延伸主体构成，包括提供辅助服务的各种相关支撑机构及使文化创意产业可持续发展所需的各类基础设施和配套机构，如图书馆业、咨询业、教育产业、资本市场、物流体系等。文化创意产业的三个层次中各产业的基本形态是共同的，即原创研发—生产制造制作—传播营销—展演服务体验—体验反馈与延伸。在我国，该产业发展的基本状况是两头小，中间迅速突起，产业链亟待向两头延伸：原创研发的风险大，其规模数量增加需要国家政策重点扶持，而体验反馈属于延伸价值链，需要企业具备战略眼光，也需要国家服务贸易政策支持。

大量成功实践证明，核心产业通常集中在城市中心交通便利的区域。诸多文化产业会加速在中心区集聚，形成文化产业资源的高度集中区。核心产业分布依傍科研机构，也是基本趋向，便于科研合作制作，降低成本费用，增加附加值。外围产业的文化旅游业依托特定自然及历史资源分散分布，通常位于郊区等工业发展较少的地区。而外围产业的新闻出版业发展需要有便捷的信息来源，往往围绕核心产业集中分布，趋向人口集中的区域，有助于延长产业链。边缘产业的地域分布取决于核心产业、外围产业的发展需要。如图书馆业、博物馆业都集中分布在核心产业较为集中的中心城市和交通便利的地方，咨询业、教育产业、资本市场则需分布在距核心、外围产业较近，通勤距离和信息便捷的区域。

## 二、"文化创意 +"会展业之间的融合

文化创意产业与会展业融合发展的动因上，从内在原因来看是会展业自身发展的需要。一方面，企业越来越需要高质量独具特色的展会来实现企业之间的信息交流、经贸洽谈。另一方面，随着生活水平的提高，人们迫切需要这种艺术类、创意类的展会作为短暂休闲、释放压力的渠道。从外在需要来看，是文化产业的社会需求。文化必须通过一定的载体表现出来。例如，电视、音乐、报纸等媒体。伴随着全球化的深入推进，文化的交流与碰撞达到了前所未有的高度，文化创意产业高速发展，这就迫切需要一个更有效的载体加以传播。

经济产业结构转型后，把展会作为文化宣传的窗口，如奥斯卡颁奖典礼、图书展等。产业融合给美国带来了巨大经济效益，同时也将美国文化推向了世界。我国的会展业与文化创意产业融合刚刚起步，在北京、上海、广州等大城市巧妙地以文化创意产业园作为展会的场地，利用当地的特殊文化，开办了各类具有创意性的艺术类展会，例如沈阳"1905"文化创意园成功举办了东北首季"国际艺术家驻在计划"等。因此，会展业与文化创意产业的融合发展等于是产业链的延伸，并不是产业的整合重组，是将文化创意产业的创意核心和文化基础灵活应用到会展中，利用展会的影响力和感染力来宣扬民族文化和创新精神。

文化创意企业与传统制造企业间的相互融合。以文化创意产业引领制造业升

级，是各个发达国家和地区促进经济转型升级的重要举措和成功经验。中国作为一个历史悠久的文化大国，包括传统工艺美术在内的非物质文化遗产丰富，这也造就了义乌文交会工艺美术产品展区和生产性保护类非遗产品展区内容的丰富性。一方面，这些宝贵的历史文化遗产亟须以创意的力量解决其与现代社会需求之间的冲突，使之得以存续；另一方面，它们也是创意的土壤，为创意提供题材来源、文化基因和创造思路。基于现实的需求和眼前的机遇，第 10 届义乌文交会充分发挥展会的平台作用和集聚效应，设立文化创意展区作为融汇其他展区的纽带，促进传统文化元素搭载文化创意的力量进行二次开发并通过义乌优质的生产加工能力、商贸流通能力走向全国、走向世界。

文化创意和制造业的融合还体现在衍生品的开发上。以故宫文创产品为代表的博物馆衍生品，与动漫 IP 结合的动漫衍生品授权交易活动是义乌文交会在创意融合方面的又一创举。国内动漫产业发展蒸蒸日上，已经形成巨大的市场份额。据《中国动漫产业发展报告（2014）》统计，2014 年，中国的动漫产业总产值已达到 1000 亿元。但是动漫企业的盈利方式仍比较单一，以出版和播出为主要销售方式，衍生品授权方面的发展不足。同时改革开放以来以市场换技术，大量引进外资和技术，使我国的制造业企业面临创新能力不足、产品附加值低、出口利润被外商大量盘剥等问题，这在义乌这个全球最大的小商品批发市场表现得尤为突出。为了更好地搭建传统产业与新兴动漫业合作的平台，让动漫企业通过授权、合拍增加版权收入，让传统企业通过授权获得动漫形象使用权，提高产品附加值，由订单式生产向主动性生产转变，从而实现双方共赢，义乌文交会在 2013 年首次设立动漫衍生品授权交易活动，并将此作为展会重要的配套活动，为第 4 届动漫衍生品授权活动进行前期预热和市场宣传。义乌文交会在 2015 年 12 月 10 日举行第 4 届动漫衍生品授权活动前期商洽会，吸引了中南卡通、大头儿子、咪咕动漫、安徒生品牌等 13 个品牌动漫企业齐聚义乌，为生产制造企业转型带来契机。动漫衍生品授权交易会举办三届以来影响力逐渐扩大，授权金额从第一届的 3340 万元攀升到 1.59 亿元。

## 第三节　3.0 时代的会展业发展新趋势

### 一、全球化 3.0 时代

#### （一）全球化 3.0 时代的起源

全球化 3.0 时代始于 2000 年，在“全球化 3.0”时代，个人成为主角，肤色或东西方的文化差异不再是合作或竞争的障碍。软件的不断创新，网络的普及，让世界各地包括中国和印度的人们可以通过因特网轻松实现自己的社会分工。新一波的全球化正在抹平一切疆界，世界变平了，从小缩成了微小。

#### （二）全球化三个发展阶段

（1）1492—1800 年是全球化的第一个阶段，称为全球化 1.0。它是在国家层面上发生的——西班牙发现美洲，英国殖民印度——世界从庞大的尺寸，变成了中等尺寸。

（2）全球化 2.0 的时代从 1820 年或 1825 年开始，一直持续到 2000 年。这是在公司的层面上，市场和劳动力造就了全球化。世界从中等大小缩为小尺寸。

（3）第三个阶段，世界变成“迷你型”的了，这一过程开始于 2000 年。在全球化 3.0 时代，整个世界的竞技场被夷平了。这一阶段全球化的主要元素是个人。个人拥有着各自的机会进行全球化，与其他个人进行竞争。需要强调的是，个人不单指西方人，是指世界各种肤色的个人。

这个概念在《世界是平的》一书中有详细阐述，弗里德曼将全球化划分为三个阶段。“全球化 1.0”主要是国家间的融合和全球化，开始于 1492 年哥伦布发现“新大陆”之时，持续到 1800 年前后，是劳动力推动着这一阶段的全球化进程，这期间世界从大变为中等。“全球化 2.0”是公司之间的融合，从 1800 年一直到 2000 年，各种硬件的发明和革新成为这次全球化的主要推动力——从蒸汽船、铁路到电话和计算机的普及，期间因经济大萧条和两次世界大战而被迫中断，这期间世界从中等变小。而在“全球化 3.0”时代，每个人都能够成为主角，民族或文化不再是合作或竞争的障碍。计算机和信息技术的不断发展，互联网的普及，让身处世界各个角落的人们可以通过互联网轻松地实现了自己的社会分工。全球化的浪潮，使各个国家的疆域被打破，世界似乎也变小了。在该书中，弗里德曼列举出了十股造成世界平坦化的重要力量，启发人们思考，当前的潮流对国家、公司、团体或个人而言，到底意味着什么？这十股力量其中就包括中国加入 WTO 这个重要因素。他认为，在世界变得更平坦的未来三十年之内，世界将从“卖给中国”变成“中国制造”，再到“中国设计”甚至“中国所梦想出来”。

## 二、会展业 3.0 时代

受互联网、新媒体的冲击，如今人们更习惯于主动通过互联网终端获取展会信息，相对于网页搜索、电子邮件、社交网络媒体分享传递、手机 App 等方便、快捷的信息获取渠道，以电邮寄送、呼叫中心等较为传统、更偏向让读者被动接收信息的展会推广方式已略显粗暴和落伍，在各行各业掀起 2.0、3.0 时代的营销争夺战时，竞争越发激烈的会展行业，其展会营销推广方式也不得不吹响变革的号角。

会展营销专业平台——微展会就是在这样的行业背景下应运而生的，基于其核心成员来自世界 500 强及知名会展企业，拥有丰富的会展实操经验和互联网从业经验，微展会本着“以客户为中心”的服务理念，在对会展用户需求长期分析前提下，为会展企业提供网站建设优化、软文推广、SEO 搜索引擎优化、社交媒体新媒体营销等丰富的营销手段，以全面改善展会营销体验，提升展会推广效果。

### （一）建设、优化展会网站，让展商观众“主动现身”

基于多年的会展营销经验，微展会深刻了解展会官方网站对主办方招展的重要作用，因此对展会官方网站的建设及优化成为会展营销的重中之重。展会官网是展商、观众了解展会的统一窗口，在建站和优化之时，微展会需提前帮助客户规划好网站建设及网站内容模块布局，分析受众的浏览需求和习惯，进行内容建设等，做好统一调查分析和系统考量。

通过以上系统的规划和技术处理，微展会在帮助客户建立及优化官网时就避免了网站访问量低、流量低、受众体验差等问题，比如，当人们在搜索引擎上搜索“奶业养殖”时，由于奶业展官网已进行过内容及技术优化，排在搜索结果首位，读者可快速进入官网了解相关内容。

### （二）软文营销并不仅是发新闻通稿

利用软文进行会展营销是展会推广最常用的方式之一。传统的软文营销就是发新闻稿，这是很多会展主办方的认知，殊不知软文营销其实是一种极具技术含量的展会推广手段，这是微展会多年跟踪展会推广结果分析得出的结论。微展会根据展会项目做深入调查，针对展会项目特点，分析目标展商观众的需求和特点，挖掘展会的亮点，定制整体软文推广战略计划。

同时，微展会提供的软文推广除了内容定制优化，同时还将根据展会项目的阶段推进，利用 SEO 优化、网站优化等多种手段相结合，以一套组合拳出击的方式全面提高网站的流量、提升展会关键词在搜索引擎中的权重，以达到展会最大量的曝光，如果发布的展会推广软文正是展商和观众在网上寻找的答案，就能够达到事半功倍的效果。

### （三）会展新媒体营销，助力提升展会受众体验

随着微博、微信等社交媒体的影响力越来越大，这类新媒体的展会推广方式也受到了主办方的重视和欢迎，但在目前的会展行业，能把新媒体营销执行落地的仅有微展会一家而已。在新媒体营销领域，微展会可以帮助主办方进行包括微信公众号的定制开发和营销、微博微信代运营等相关服务。

微展会不仅可帮会展主办方打造微信微展会平台，使其平台同时具备信息发布、预登记报名、企业 3D 展示、微会员定制等运营功能，同时还可以由多年从事会展、营销行业的专业人士为展会项目定制营销推广活动，以实现在新媒体时代拉近展会和观众的距离，从而提高受众体验。

### （四）线上线下整合是会展营销大趋势

如今主办方在进行会展营销时，大多只考核网站流量、粉丝数、预登记数，

以提升线下到场人数为考量标准，这种只看结果不问过程、起因及结果不对等的做法实质上是忽略了会展营销需要线上和线下密切结合的策略，从而影响了其对展会推广效果的满意程度。

在展会进行网络营销的初始阶段，线上的流量及粉丝量都很薄弱，这时需要靠多年来积攒的线下资源作“滋养”。联合行业协会、媒体举办线下推广活动，比如通过展前在行业杂志推广微信活动、展会现场开展微信互动活动等形式，抓住一切机会宣传展会官方微信、微博，能够有效促进微信粉丝量的增长，而当社交媒体有了一些用户基础，线上展会信息传播的有效用户到达率提升时，则显现出前期线下推广的反哺优势，两者的推动作用相辅相成，缺一不可。

随着互联网、移动互联网的信息化发展，会展行业进行线上线下的整合营销推广已成为大势所趋。现在通过搜索引擎、综合门户、垂直门户、微博、微信等众多网络渠道主动获取自己感兴趣的会展信息的用户已远超电视、广播、杂志等传统渠道，而未来唯有那些将线上、线下资源整合起来，懂得在会展营销策略上打组合拳的会展企业，方能在竞争中立于不败之地。

## 第四节　文化创意视角下的会展新业态发展

新业态是指基于不同行业间的组合、行业内部价值链和外部产业链环节的分化、融合、行业跨界整合以及导入新兴技术所形成的新型企业乃至行业的组织形态。对于会展业而言，新业态是以新时代、新使命、新要求为机遇，以行业升级为动力，以技术创新为驱动，以市场需求为目标，顺应多元化、多样化、个性化的会展产品或服务需求，从当今会展业发展实践中衍生、整合出的新环节、新链条、新活动形态，乃至新型企业、商业以及行业组织形式。

会展新业态的出现，势必围绕展馆方、组展方和会展服务方这三个重要方面展开，或者说是以此三个点为发展源头，进而进行会展活动的衍变和交互融合。在传统会展业中，展馆方、组展方和会展服务方涵盖了整个市场体系，并且表现出各具特点的运营及业务流程，拥有各自的业务标准、行业规范和较清晰的业务边界。

### 一、会展新业态在展馆方面的变化

围绕以展馆为中心的新业态的探索和尝试，应该说目前最为积极、活跃，所展现的基本路径是围绕会展的核心业务板块，以“智慧”“智能”为驱动，采用“会展 +N”的模式，探索市场张力。通过会展业带动展馆周边乃至会展集聚地和城市的住宿、餐饮、娱乐、物流、交通、零售和旅游等诸方面的经济收益，是传统会展既有的效应；而展馆在对现代智能商业综合体方面的经营，探索“展会 + 商业”的新消费业态，才是新业态的希望。有专家提出“逐渐形成以场馆为核心的商业生态”“以场馆为引擎，构建会展小生态”“以会展为抓手，服务产业大生态”等一系列见解，对这一范畴新业态的产生和推进有了深入研究和论断。

## 二、会展新业态在组展和展览服务方面的变化

在组展方面，展览会的传统布局或以行业划分，或以产业链上下游区分，或以产品类别划分，参展商所属展馆不同、面积不同、特装和标准展位不同，设计方案和呈现效果不同，这些设计和表现形式一旦进入不同的展会，便会各显神通、各有不同。目前的展览会作为一个会展活动的整体，客户体验大多仍局限于围绕移动互联网小程序的推介、在线参会流程、人脸识别、二维码扫描等手段。对于展会主题的体验、展会品牌的体验和传播还有很大创新发展空间。

围绕组展和会展服务两个环节的新业态产生，其中一个共同点，是以更加优质的内容、以科技推动下的裂变式传播效果，通过极致的创意、创新体验，替代传统展览单纯的规模及感官效果，或者说赢得展会规模、效果和品牌的提升。其中的区别，对于组展：一是以高科技为依托开展的经营活动；二是商业流程、服务模式或产品形态的创新；三是提供更加灵活、快捷的个性化服务。

在某种意义上，会展服务环节能够为组展环节提供相应支持。一方面，源于长期直接服务于参展商，对于会展项目的流程、形象和形式的落地，对于参展商的品牌传播和产品营销如何服务于客户需求多有差异性研究，能够为组展方提供典型性和整合性的建议；另一方面，会展服务所具有的综合服务资源和整合设计能力也可以为组展方提供相应的直接支持。

由于“会展服务”范畴广泛，本文仍只限于会展设计、建造类服务的类型，其新业态是以会展活动整体解决方案为驱动的，即针对特定展会特定参展商的特定需求，提供包括形象设计、核心技术和产品展示宣传的组合服务设计，并通过资源整合、技术整合、线上线下传播、设计策略和展前、展中、展后不间断服务支持等保障，形成专属化、定制化和类型化的服务形态。

会展活动整体解决方案的出现，区别于传统会展服务的服务内容、类型局限和盈利模式，这一转变的先导，是传统意义上的展览设计向设计策略、体验式设计、IP应用设计、品牌营销和传播流程设计、多媒体集成和体验流程设计等融合、细分的方向分野或定向扩展，进而推进传统会展服务质的变化和提升并催生出新的业态。

目前，伴随着互联网的发展，出现了全程媒体、全息媒体、全员媒体、全效媒体，信息无处不在、无所不及、无人不用，全媒体时代成为大趋势。对于会展业的创新，企业和市场发展必须紧跟时代，大胆运用新技术、新机制、新模式，加快融合发展步伐，实现宣传效果的最大化和最优化。目前新媒体传播手段已经越来越被活动主办者接受和依赖，而随着全媒体发展的大趋势，活动本身便将成为一个巨大的媒体平台。媒体的作用虽然因活动而异，但对于大部分的活动，媒体传播性应该可视为构成活动本身的一个极其重要的组成元素，在品牌传播、影响力扩散、项目招商、赞助合作等方面发挥着重要作用。

第七章

# 高新技术进入会展业将为会展业带来新发展

党的十九大报告中明确提出,“创新是引领发展的第一动力,是建设现代化经济体系的战略支撑”。随着以移动互联网、大数据、人工智能等为代表的高新技术进入会展业,会展业涌现的技术创新越来越多。这是一个令人振奋的时代,技术变革使成千上万的想法、应用和创新不断涌现,进而帮助展会策划人员、参展商、场馆方充分利用“互联网+”会展,解决了企业与参展商的沟通效率。同时使展会更人性化,提高了活动的服务水平,同时也降低了活动的管理成本,对于主办者、参展商、服务供应方都可以达到双赢。

## 第一节 “数字展会”将构建会展新业态

大约10年前，阿里巴巴在网络零售行业站稳脚跟后开始染指“网上会展”，并把其搬到线下，称为“网商网货博览会”，深圳会展企业也一度热闹非凡，赶上了这趟网上会展快车。然而实践证明，网上展会没有生命力，今天，它已不再热闹。

“看电影式”的互联网模式展会为何会不再热闹了？业内专家认为，展览会是展示实体产品和企业形象的窗口，只有把实体“可触摸”地展示出来，才会引导双方交易和交流。然而，随着互联网技术进步和会展理念的发展，网上会展有可能会再度来袭。

### 一、“数字展会”构建智慧会展新业态

近年来，随着信息技术的飞速发展，VR、AI等新技术被逐渐应用到会展行业，“网上会展”的概念卷土重来。借助2017年12月在浙江乌镇召开的“世界互联网大会”的风暴，以“提升会展能级，打造新会展经济”为卖点的网络会展重出江湖。

在2017年12月8日召开的中国（深圳）会展生态创新大会上，北、上、广、深、港、澳等国内主要会展城市的专家学者济济一堂，观点碰撞，火花四溅。来自上海后博信息科技有限公司的负责人介绍了他们的“数字展会”，即线上线下双展同期的情况。

“线上的‘数字展会’是双线会展的一种互联网展示形态，也是对实体会展模式的一种有效补充。”该负责人说，线上“数字展会”的本质是以互联网为基础，将云计算、大数据、移动互联网技术和线下各行业展览融为一体，构建一个数字

信息集成化的展示空间，从而形成全方位、立体化的新型展览和服务方式。他们认为，“数字展会”有三大优势：一是将线下地理上分散的会展企业和组织连接在一起；二是打造出了线上展会的大数据平台；三是开启了会展个性化定制新时代。

## 二、“双线会展”风生水起

“作为‘互联网＋’会展创新应用，线上展会能否大放异彩，关键取决于用户体量。只有跨越和聚集多个泛行业，或跨越单行业、多个展会项目资源，才会为单个展会创造几何倍数的有效放大和买卖连接。”据某展览会主办单位介绍，掌上世博的双线会展平台旨在打造线下＋线上的数字会展新模式。以“2017首届国际科创园区（上海）博览会”为例，展示了其双线会展的线上观展步骤。通过“二维码”，呈现展会的全面介绍、现场展位图、视频观展、VR观展、展区现场、展品实景以及参展商介绍、服务商介绍和更多地与本展会关联的新闻资讯，令人耳目一新。

那么双线会展，或者说线上展会将来会颠覆传统展会吗？在深圳会展生态创新大会现场，不同的专家给出了不同的答案。

部分会展专家认为，线上展会在短期内很难取代实体展会，在很长时间内，将会是“双线会展”，即线上＋线下的有机结合，并推动会展业整个行业数字化、互联网化。部分会展主办方则表示，会展业“互联网＋”发展是一个大趋势，即使将来VR产业再发达，也不会完全取代实体展会，但一定会对实体展会造成巨大冲击，会展新时代已经来临。

## 第二节 “AI+跨界+技术”将成为展览会创新亮点

### 一、AI构建新会展生态

随着AI概念的提出，各行各业开始尝试让AI介入会展的可能性，目的是更好地提高效率，提升体验，节约成本，甚至完成一些原本不可能完成的事情。目前绝大多数行业还没能找到真正有效的、实际大于形式的人工智能解决方案，但这并不影响AI技术的进步。就好像人类的文明，只有历史可以证明，未来无限可能。

会展业部分专业人士认为，会展业是最重视数据的行业之一，但是在从一般数据向大数据过渡的过程中，会展业仍处在探索阶段。大数据的主要用途之一在于预测，即基于对消费者消费习惯和偏好的分析和推断。因此，理想情况下对产品的研发、设计应该基于大数据对消费者偏好的“捕捉”和“归纳”，而对于展览而言，在“展览立项”分析方面，大数据还很少能够发挥作用。但毫无疑问，智慧会展符合会展业的总体发展趋势，也是会展市场的实际需求，大数据等新技术手段正在让会展活动变得“智慧”起来。

### 二、跨界思维驱动会展创新能力

创新必然从跨界开始，变革必然由跨界融合激发。一个行业的发展创新往往来自行业外部，也就是经常被提到的“鲶鱼效应”。鲶鱼效应的本意是指鲶鱼在搅动小鱼生存环境的同时，也激活了小鱼的求生能力，在这里是指采取某种手段或措施，刺激一些企业活跃起来投入市场中积极参与竞争，从而激活市场中的同行业企业，即“跨出行业界限，将外部力量转化为变革动力”。外部力量的进入会打破原有秩序和思维定式，成为行业变革的动力。跨界已成为“新时代”重要发展趋势，会展业作为平台性质、兼具社会和经济属性的行业，先天具备跨界基因。创新必然从跨界企业开始，变革必然由跨界融合激发。

## 三、IT 产业眼中的会展业发展

一些 IT 企业也关注展览业的发展，正在研究如何更多地将信息技术应用于会展行业。微软（中国）有限公司从战略与解决方案的角度出发，关注微软如何看待数字化对各行业的影响，以及如何利用自身强大的技术能力助力会展行业的数字化转型。全球知名管理及信息技术咨询公司针对“数字化创新驱动会展业价值提升”的分析研究，从多个维度分析了会展行业如何进行数字化转型，如何提升价值空间，并带来了丰富的创新用户体验案例。上海图聚智能科技股份有限公司则关注“人工智能技术与会展智能化”的问题，研究展馆如何通过数字化、智能化来增强参展用户的体验。

## 第三节　高新技术使会展业进入新的发展阶段

这是一个令人振奋的时代，技术变革使成千上万的想法、应用和创新不断涌现，进而帮助展会策划人员、参展商、场馆方和其他会展行业从业者把工作做得更好。党的十九大报告中明确提出，“创新是引领发展的第一动力，是建设现代化经济体系的战略支撑”。而随着以移动互联网、大数据、人工智能等为代表的高新技术进入会展业，会展业涌现的技术创新将越来越多。

### 一、会展业新技术层出不穷

“大数据时代已经降临”，在商业、经济甚至任何其他领域，这句话已经得到所有人的认同。随着移动互联的发展，会展业也嗅到其中的机遇。虽然相对于一些在数据领域发展较早的国家，中国目前仍处于数据收集的起步阶段，但大数据可以为会展业带来的好处显而易见。通过大数据分析，组织方可以更精准地把握潜在客户，而参展商也可以分析出哪些投资回报最高，同时，参会人也更容易获得自己想要的资讯。这一切将使行业拥有前所未有的凝聚力，以共同实现目标。

有大数据分析作基础，再有移动互联网技术的加持，近年来，会展业新科技应用层出不穷。在首届中国工业博览会上，主办方委托专业技术公司在微信公众号上进行软件开发，建立了展会现场观众登录系统。观众通过利用智能手机扫描二维码关注展会微信公众号，在微信公众号里进行注册，并在终端智能设备上打印参观胸牌入场。也许会有很多观众对这样的方式感到新鲜，但其实近几年，扫码观展已成为各个展会的标配。

对于展会的主办方来说，现场论坛往往是会展数据管理的“黑洞”，因为展会前后的情况都可以通过计算机提前进行数据分析统计，唯独在论坛期间的情况千变万化，让主办方犹如“盲人摸象”。例如，纸质调查问卷已经发出，却要到论坛结束才能回收，无法在活动中及时更新。现在，一个移动会展应用就可以解决所有问题，各种信息将被实时汇总，甚至每一次点击都可以被跟踪到。

在移动互联网和大数据之后，人工智能以及随之衍生而来的“人脸识别”技术将会成为会展业技术创新的后起之秀。

## 二、新技术应用仍需深耕细作

目前，随着高新技术的发展，会展的展现模式、盈利模式、渠道模式等都发生了改变。但是，目前业内现有的技术应用中仍然存在技术分散、整合度低、更新缓慢等问题。有关专业人士曾指出，会展业新技术发展缓慢的主要原因是体验不好，技术投入带来的效率提升不明显。体验不好的原因有两个：一是大多数新技术在实际应用时不接地气，不明晰各方需求，因此在设计时往往先天不足，造成用户体验效果不理想；二是展会中的每个行业均有自身特点，例如医药、汽车、IT 等不同的行业对科技在展会中的需求都是不同的，而技术开发人员却不一定了解这些行业的特征。

因此，研发人员可以先打造出框架，再针对不同行业进行调整，满足行业和客户的个性化需求，通过深耕细作，才能真正为行业提供解决方案。实际上，技术变现最重要的还是实用性，好的技术或者能够颠覆观众体验，或者能够极大提升办展参展的效率，这样的新技术才能真正被行业接受并运用。

在当前，技术创新正在重构各行各业的商业价值、变革服务边界、提高服务效率和质量，会展业也不例外。“会展业 + 技术创新”已经在很多方面得到市场验证，会展业正在高新技术的加持下迎来新机遇。

## 三、创建智慧系统场馆　创新办展模式

随着数字化和移动互联网时代的到来，会展业的发展模式也将发生变革。这将不只是会展业某一个环节的变动，而是会展产业链各环节都需要改变的一场变革，移动互联网的兴起是这场变革的源头，这些新技术为展览、交易提供了更便捷、更多样化的模式，同时，也将促进会展更好地发挥平台作用，推动产业融合和升级。

展览馆正在向智能化方向发展。例如，近年来为了进一步提升整体服务质量，有的展览馆从管理和用户体验出发，致力于利用先进科技不断创新，正在向“数字化场馆”转型发展，为客户提供全流程配套数字化服务，实现展览馆向智能化转型。有的展览馆正考虑携手国内一流网络运营商、国际知名企业，引进新加坡等城市的先进理念，依托安全、快捷的信息平台，以“互联网 +”为主线，利用先进科技不断创新，从管理和用户体验出发，提供全流程配套数字化服务，将由“传统”完成向“数字化”的转型跨越。

例如，重庆国际博览中心作为重庆市会展地标和重庆市最大的场馆，也是国内首个创新搭建智慧系统的场馆。重庆国际博览中心正在实施的场馆数字化转型项目，相当于在重庆国际博览中心周边建设了一条信息、数据流通的快车道，实现停车导航、展会数据收集等硬件基础和功能。通过发挥场馆的基础平台作用，以展会成功举办为目标，用信息化手段促进观众与参展商的信息交互，进一步为展会提升价值。数字化重庆国际博览中心的自助租赁系统、动态立体交通系统、展商与观众的交互系统、大数据分析系统等，将利用新技术判定观众的位置和兴趣点，以及利用大数据技术实时分析，匹配展商和观众，实现展会“前展后延”联动。同时，将可以收集观众的数据，记录观展者的轨迹，进行客流统计分析，并分析参观人员的参观路线等，引导展商对展位的布局进行调整，无疑将大大提升主办方的办展效率。

展览场馆是城市的名片之一，场馆是办好会展的硬件，而展会模式则是一个优秀展会的软件。因此，作为现代化展览馆的所在城市，应从产业基础、城市保障、当地的宣传推广以及专业观众组织四方面入手，紧扣当地重点支柱产业与展会题材的关系，结合当地已有的行业展会项目发展情况，整合行业地方会展资源，创新办展模式。

大数据、云计算、人工智能的时代已经来临，因此，无论是展会的主办者，还是展览场地的提供者，抑或是会展活动的服务商，所有会展活动的参与者都应该以全新的理念，以“文化创意 +”会展业融合发展的思想创新办展模式，高质量地打造现代会展。

第八章

# 推动文化创意与会展业融合的途径

作为本书的结束章节，本章将依据前文所述的有关文化创意产业与会展业的融合发展思路，以及文化创意产业与会展业的发展现状，基于对国外先进经验的考虑，提出了未来推动文化创意产业与会展业融合发展的合理性路径。

# 第一节　以文化创意提升展会的能力

## 一、文化创意与管理能力的提升

### （一）进行文化体制改革，实现市场化运作

财政部曾下拨 2015 年度文化产业发展专项资金 50 亿元，共支持项目 850 个，项目数较 2014 年增长了 6.25%。文化创意产业利用这部分资金拉动创业引擎，培育小微文化企业扩大产业规模，实现产业的升级换代。面对文化企业大规模的兼并和重组，文化企业需要着眼于对文化进行个性化的提升和转化，从依靠政策和财政的支持转变为依靠企业竞争力的提升和产业结构的优化，以文化内容和创意成果为核心，以创作、创造、创新为根本手段，为公众提供新型的文化产品和文化体验。这就要求企业在自身发展的过程中要进行文化体制的改革，实现市场化的运作。党的十八届三中全会审议通过的《中共中央关于全面深化改革若干重大问题的决定》中指出："鼓励非公有制文化企业发展，降低社会资本进入门槛，允许参与对外出版、网络出版，允许以控股形式参与国有影视制作机构、文艺院团改制经营"，这一决定为非公有制企业提供了契机，这不仅会扩大文化产品的来源，使消费者的消费内容更加丰富，还会整合非公有制企业的生产力，提升整体文化创意产业的质量。因此，企业在发展的过程中要在政策的引领下，以市场为导向，积极改善自身的产业结构，在市场竞争的作用下实现产品的更新换代，从而不断繁荣和扩大市场，实现又好又快的发展。

### （二）完善文化创意产业发展的法律政策体系

发展文化创意产业，法律的约束和组织的引导尤为必要。虽然我国在文化产

业的法律制定方面取得了一些成效，但还需要继续努力，构建科学而全面的文化创意产业发展的法律保护体系，以促进这一朝阳行业的健康发展。在立法层面，第一，要采用宏观视角，进行顶层设计。针对原有法律法规对文化创意产业界定不清、规定不一致的问题，法律部门要及时制定出统一的文化创意产业发展基本法，对相关的概念进行统一和具体的解释，从整体上引领文化创意产业的发展方向。第二，细化法律法规，填补法律空白。针对电影、动漫、游戏等子行业制定更为详细的法律法规，具体细致到各个行业领域的创作、制造、传播、消费等各个层面的每一环节，真正实现文化创意产业有法可依。此外，针对网络服务和数字内容行业的法律缺失现象，法律部门要加快立法进度，填补法律空白。特别应该注意的是，在与文化创意产业最为相关的知识产权方面，要建立严密的法律体系，从具体行为上对生产者和制造者做出明确的规定以及合理的保护。随着国际知识产权冲突的出现，我国还要加强知识产权立法的国际交流与合作，激发创意人才的热情，让文化创意产业阶层在法律的保护伞之下不断壮大。在执法层面，要严格按照执法必严的原则，提高各个部门执法的工作效率，严厉打击侵犯知识产权的行为，实现政府的有效监管，为文化创意产业的发展营造一个良好的发展环境。在守法层面，加强法律宣传，鼓励公众树立法律意识，尤其是在知识产权等方面受到侵害时，要善于利用法律的武器来保护自我。

### （三）采用第三方治理，完善产业内的组织规范

对于文化创意产业内的规范，可以借助环保建设中的第三方治理的概念，通过发展非政府、非营利的第三部门来满足社会多元化的需求，弥补市场失灵和政府失灵的问题。例如，目前，财政部在文化产业资金的使用方面就首次引入了财政部预算评审中心参与合规性审核环节，以确保专项资金的申报质量得到进一步的提升。非政府性的创意产业组织要通过帮助文化创意产业物色资金、进行人才培养、争取政府支持等方式来对产业内的组织进行规范。具体来讲，非政府性的创意产业组织要承担起帮助产业内部树立龙头企业、统筹协调文化创意产业内部的差异化发展的重责，主要从管理层面实现文化创意产业内部的合理化生产和经营，起到一个宏观调控的作用，从而提升我国文化创意产业的整体水平。此外，第三部门还要推进创意的重组和集聚，从而实现文化创意产业的规模化、专业化和集约化。为此，要加快文化产业园区和集群建设，以重大文化产业项目为引导，

以大型文化企业为主体，按照优势互补、利益共赢的原则，引导和培植若干规模大、效益好、产业贡献率高、竞争能力强的文化航母式的产业园区和基地，从而实现资本和人才的集聚，节约交易成本，增强其在产业内部的竞争力，为我国的经济发展贡献强大的力量。因此，要在法律发挥强制作用的同时，配合第三方部门的调节作用，从而为文化创意产业的发展构建起坚实的保护屏障。

## 二、文化创意与宣传能力的提升

### （一）创新传播平台　打造新型产业链

内容为王，渠道制胜。当前，原创是内容，新媒体是渠道。文化创意产业讲究创意策划、创意设计、创意营销、创意消费。在互联网时代，文化创意产业的宣传也不再仅仅局限于出版、影视等传统媒介，网络媒介成为未来发展的重要方向。互联网的存在拓宽了文化创意产业的宣传途径，更使文化创意产业在传播方式上也得到创新。以动漫产业为例，互联网的存在促进了动漫产业的传播和推广，对于难以通过有限的电视渠道播出的动漫作品来说，互联网相当于为其提供了一个永不停播、随处可得的频道，同时互联网的受众以青年、成年人居多，正好和少儿电视台的低幼受众形成互补，为针对青年、成年制作的动漫作品提供了对位传播机会。因此，要运用互联网思维，扩展动漫传播的平台，实现动漫产业多渠道、立体的传播。

"互联网 +"思维不仅创新了文化创意产业的传播平台，"互联网 +"跨界融合还成为产业链的创新驱动。动漫衍生品市场可以在深度挖掘原创动漫价值的基础上，通过品牌授权与玩具、游戏、服装、影视、主题公园、资本等多领域展开联动跨界融合，让受众多元化地接触到动漫形象和内容，实现原创 IP 跨媒介、多渠道、立体的传播。此外，动漫产业链还应该在创新实践中不断得到丰富。卡通形象营销是借助卡通形象，以其亲切、接地气的特征在短时间内吸引用户的一种营销方式，如京东的 JOY、小米的米兔等，成功的卡通形象往往就成为企业的商业符号。如"三只松鼠"是一家互联网干果企业，通过三只小松鼠的形象，形成了自己的特色，同时，它还为三只松鼠开发了动画片和衍生产品，为企业发展带来了新的利益。从卡通形象的开发到动画片和衍生品的生成，这一产业链打破了以往上游创作、中游制作、下游营销的模式，反其道而行，开创了新的盈利模式。

卡通形象营销在海外是比较成熟的一种营销方式，目前在国内用卡通形象营销的企业相对较少，尚属一片蓝海。因此，动漫产业可以和企业通力合作，创新产业链，在各取所需的同时推动动漫产业和经济的发展。

### （二）挖掘传统文化精华　彰显中华民族风范

儒家优秀传统文化是中国传统文化的重要组成部分，它为我国文化软实力的发展提供了丰富的文化资源，对于化解当前我国文化软实力建设中面临的问题和挑战具有不可替代的作用。中国优秀传统文化中最普及而又不与外来文化重复的则是君子之道、礼仪之道、中庸之道。

“和而不同”，是以中庸之道的方式对待文化交流，是世界多元文化共同繁荣发展的必由之路。在世界的文化交流方面，中国发展文化软实力应该始终坚持“和合”的中庸思想，强调“和而不同”、多元共存。因此，在文化建设中要秉承兼容并包的态度，提炼出既有中国特色又有普遍意义的核心理念，形成对全体国民和广大国际盟友的广泛号召力和凝聚力。在文化产业方面，要建立具有综合竞争力的文化产业，以批判的态度借鉴世界上其他各国优秀的文化成果，形成世界水平的产业体系，加强与国际文化产业的交流与合作，推动中国的文化不断走出国门，迈向世界。

### （三）提升文化亲和力　构建中国特色话语体系

要提升中国文化的亲和度，需要从受众者的态度来分析文化创意产业的包容性，采用受众能够接受的方式和具有亲和力的话语体系，这样才能将中国的文化和精神传送给对方。全国政协外事委员会主任赵启正曾指出，中国亟须提高国家修辞能力，让世界了解真实的中国。因此，文化创意产业在发展的过程中，要以增强文化认同度为目标，创造出合适的文化产品和文化服务。首先，针对国外认可我国物质文化产品的现象，我国要保护文化遗产、发扬文化传统、树立文化形象、顺应对方需求，在此前提下，再传播我国现代性的文化精神。为此，文化创意产业要注重文化遗产的开发，挖掘传统文化精髓，根据国外需求，打造受众能够接受的文化产品和文化服务。其次，采用民间交流、城市协作、企业合作、公益服务等形式。广大民众在塑造中国文化大国形象上具有不可替代的作用，公民是一个国家价值观念、文化传统的承载者，民众的行动与素质直接能够体现一个国家的精神面貌。在对外交流中，国外人士能够通过民众的一举一动了解本国的民族精神和国民素质，从而形成本国对他国的吸引力和影响力。近几年来，就有中国民间文化力量通过网络捍卫了祖国的尊严，传播了中国的文化大国形象的事例。我国在发展文化创意产业的过程中，要注重联合民间力量，应用好民间优秀的大学、高质量的民间智库、良好的民间文化结构，推进文化创意产业与国际接轨，提升中华文化的亲和力和包容度，增强中华文化的国际影响力。

为了避免官方的政治宣传，文化创意产业在发展过程中要对传统话语体系进行升级。首先，要多维度地解读文化。文化的传播不应仅仅局限于文学艺术等主流形式，要创新文化传播的方式，例如从传播学、艺术学、产业学等角度去解读传统文化，能够使中国文化满足西方社会多元化的需求，契合西方人的接受形式。其次，跨越语言障碍，开发无声文化产品。调查显示，实用类的中国文化产品由于在语言文化上几乎不存在理解障碍而被更多的西方人所接受，为此，文化产品在设计和生产的过程中可借鉴这一启示，通过开发无声文化产品，传达中国主流价值观。如舞蹈《千手观音》在 2004 年雅典残奥会闭幕式"北京 8 分钟"时震惊全球，不仅向全世界展示了中国云冈石窟的物质文化，更是展示了"心与意合、意与气合、气与力合、力与形合"的传统文化以及中国人生生不息的蓬勃精神。再次，顺应世界角色，开发魅力产品。在提升文化软实力的过程中，亲和力是文化传播的关键。为提升文化亲和力，我国要认清所担当的世界角色，将自己定位于世界大家庭中的一员，建立与世界沟通的一整套有效的观念、标识、品牌和说辞，以谦虚的态度、包容的心态拥抱全球文化，拓宽国际视野，推动人类文化不断进步。此外，要提升文化产品的魅力，增强文化的感染力、说服力和交流能力。日本在海外市场走的是"可爱路线"，2008 年启用人气卡通形象凯蒂猫作为中国的观光亲善大使，竭力塑造当代可爱的日本人的形象。我们也要注重打造独具中国魅力的文化产品，向世界展示中国崭新的文化形象。

## 三、文化创意与服务能力的提升

会展经济是一种经济样态，能够绿色、高效地带动城市的发展和进步，城市政府作为属地经济的管理者和协调者，在会展经济运行系统中有举足轻重的作用。目前世界上三种典型的会展经济发展方式分别是以德国和法国为代表的政府干预方式、以新加坡和日本为代表的政策扶持方式、以美国和中国香港地区为代表的市场运作方式，在这三种会展经济发展方式中都有政府的参与，只是参与的形式、内容和侧重点有所不同。

我国城市会展活动已经呈现出市场化、专业化和多样化的发展趋势，其会展经济经营方式主要有四种：一级政府主办方式、政府某行政部门（如旅游局）主办方式、政府引导—企业承办—市场运作方式、完全市场运作方式。从既有的会展经济发展实践来看，市场经济条件下的政府办展模式存在展会专业性差、行政色彩浓厚、各地重复办展、成本高、效益差等诸多弊端；完全市场运作模式容易滋生会展市场垄断、阻碍会展效应扩散、信息的不对称性与不确定性等问题，进而产生市场失灵的现象。虽然政府主办和完全市场运作模式有其优势所在，但是风险性较大、会展经济的扩散效应受限，本书认为，政府引导—企业承办—市场运作模式是较为适合中小城市发展会展经济的经营方式。政府引导是会展经济发展的动力和保障，企业承办是会展产业化的体现，市场运作是市场经济发展的趋向和必然，三者的结合能够促进中小城市会展经济高效、可持续的发展。

政府直接办展是我国会展产业发展的一个过渡阶段，在现代会展经济中，政府应当转换职能，重新进行角色定位，从会展“独揽者”转变为会展“服务者”。在会展经济中，中小城市政府应当充分发挥宏观协调、管理职能，制定城市会展产业发展规划、完善会展活动扶持政策、建立系统的法律监管体系、规范行业行为等；践行公共服务职能，改善城市基础设施（比如道路、绿化、通信等），完善会展场馆的维护和修缮，协调公安、消防、工商、邮电、商贸、卫生、海关等政府职能部门等；发挥市场监督和服务职能，加强展商的知识产权保护，打击恶性竞争，推广展会品牌，引进会展服务中介等。

# 第二节　以文化创意拓展展会的配套服务

## 一、培养创意人才并壮大创意阶层

“创时代”背景下，文化创意产业要把握好这次创业热潮，发挥好这些新生的创新力量，注意培养企业家的精神，鼓励创新人才的发展，提升文化创意产业的质量。在创意人才的培养方面，2016 年 3 月 21 日，中共中央印发了《关于深化人才发展体制机制改革的意见》，在人才培养、流动、激励、引用、保障等方面提出了相关的措施。因此，在以后的人才培养过程中各部门要落实相关工作，例如，要注意充分发挥高校、培训基地、企业各自的优势，探索校企合作、产学研结合培养人才的道路，遵循文化创意产业发展和产业化的规律来设计课程，并有针对性地引进一些具有国际视野的海外留学人才，从而为文化创意产业的发展培养高端人才。同时，要注意企业家精神的培养，例如，马云在起步之初就十分注重企业精神的塑造和企业文化建设，他以文治企的价值观也一直支撑着企业的健康发展。针对当前高校课程设置不合理的问题，要完善人才的培养体系，进行深层次的课程改革。首先，在课程设置上，要实现分类教育与整合教育相结合，通识教育与专业教育相结合。这就要求全国高校系统要进行资源的整合，各高校之间通力合作，打造各高校的特色专业。各高校对学生的整个学习生涯进行合理的规划，在四年的学习过程中分别强化学生的认知、技能、专业与实践。课程设置要根据产业链进行完整的布控，上游课程模块主要以策划和剧本创作为主，培养创作型人才；中游课程模块主要以动漫制作为主，培养技术型人才；下游课程模块主要以衍生品及周边产品的开发为主，培养营销型人才。培养过程中，产业链不同阶段的人才要实现与市场的对接，让学生们所学到的理论都能够学以致用。其次，学校还要注重为学生营造良好的艺术氛围。鼓励学生关注生活，关注生命和自然，注重想象力和创造力的培养。培养学生对文化创意产业的热情，打造彰显本国特色的原创文化产业。最后，要建立梯队层级的文化创意产业人才队伍。在教育中既要注重硕士、博士等高端复合型人才的培养，又要注重本科、高职高专等技术型人才、创作型人才的培养，从而满足文化企业不同层次的需求。在文化创意产业人才培养方面，除了高校要积极发挥作用，还需要政府政策的支持。在国外，出版商与影视公司非常重视对创作人才的培养，以优厚的条件引进了不少国外的漫画人才。因此，我国政府也要出台人才扶助政策，留住和吸引优秀的创作人才。在知识产权保护方面，2016 年 2 月 29 日中国政府网发布了《国务院关于落实〈政府工作报告〉重点工作部门分工的意见》，指出要加强知识产权保护和运用，由知识产权局牵头，工商总局、新闻出版广电总局等按职责分工负责，依法严厉打击侵犯知识产权和制假售假行为。各政府部门要把职责落实到位，为创意人才提供公平的创作空间。

## 二、打造特色文化创意品牌的同时提升国际竞争力

品牌是取得消费认同和竞争优势的重要手段，好的品牌具有很高的经济价值、社会价值及文化价值。进入 21 世纪，文化产业的发展已经进入品牌竞争的新阶段。首先，要鼓励文化创意产业通过参展、办展、参评国际奖项等多种方式拓展市场，打造文化创意产业品牌，提升文化创意产业的市场美誉度和国际影响力。对此，上海很好地应用了这一观念。上海特别强调和支持文化创意和设计服务企业打造自身“专精特新”优势，学会跨界思维，树立品牌意识，打通产业环节，创造市场需求。通过不断的努力，上海继深圳之后也成为“设计之都”，自此，开始了上海“设计之都”走出去的行动，由上海设计之都促进中心牵头的“上海设计”走出去项目，以“上海设计”统一形象参加国际知名设计展会和活动。因此，上海“设计之都”的品牌不仅激发了上海当地群众对于时尚的追求，还让上海在世界范围内也展现了独特的魅力。可见，发展文化创意产业要立足于打造中国的特色品牌，提升知名度，让文化创意产业走向世界。其次，中国文化创意产业在走出去的进程中，要注重揣摩受众心理，寻找国际与本土的契合点，以人类共性为着眼点，打造震撼人心的经典。面对新时代，文化创意产业要把核心内容建设和自主

品牌打造结合起来，从科技前沿、世界焦点和人类共性中挖掘题材，开发创意，打造兼具普世性和中国特色的文化创意产业。迪士尼在全球化的营销中并未遭受瓶颈，这与它自身的营销策略密不可分。例如，香港迪士尼就充分考虑到中国和亚洲文化的影响，进行本土化经营，把其打造成一个具有中国特色的游乐天堂，比如在建造过程中参考中国的风水理念，在园区设计上加入中国元素，设有中国式凉亭等。

## 三、推进协同创新　促进创意集聚

发展文化创意产业，要构建多学科交叉的研究平台，推动不同领域、不同部门通力合作，协同创新。首先，需要保证政策的制定和落实，如鼓励发展文化创意产业的政策，对创意人才进行知识产权保护的政策等。这就需要企业和政府部门通力合作，构建和谐的关系。其次，需要金融部门为文化创意产业进行资金的支持，这也要求两者要建立合作关系，共同研究适合文化创意产业发展的资金模式。再次，还需要高等教育部门为文化创意产业进行人才的培养，开设创意设计课程，为产业的发展提供人才支撑。协同创新要把握好“协同”的含义，需要各个单位“和而不同”，针对同一个主题进行配合，使创新主体和客体进行深度的融合，共同的理想和目标才是协同创新的灵魂。而发展文化创意产业的共同理想和目标就是实现中华文化对内的凝聚力和对外的吸引力，从而提升中国文化软实力。

## 四、强化互联网思维的同时发挥“文化 +”的力量

在“互联网 +”和“文化 +”的影响下，文化创意产业展现了升级换代的新态势。互联网思维正在为中国文化创意产业提供前所未有的巨大机遇。在互联网的高速发展下，启动跨界融合的思维，文化创意产业才能跨越边界的限制，成为促进其他产业升级换代的推动力量，成为文化创意产业由低端形态向高端形态升级的动力源。根据统计资料预测，到 2016 年年底，互联网文化产业占比将达到 70%。因此，在未来的五年规划中，要扶持互联网文化企业成为产业的支撑点，建立文化领域的龙头企业，在全国发挥辐射作用，为整个文化创意产业增添新的活力。与此同时，为了构建网络空间的良好秩序，要通过互联网文化创意产业提升

网络传播的效果及其文化引导力，从而对群众的观念塑造产生巨大的影响。当前，“互联网 +”文化产业是未来的潮流和方向，很多文化创意产业的内容都需要借助于信息技术这个平台，将创意应用到文化产业领域，打破界限，进行创意的跨界融合，以提升文化产业的生产力和创造力，形成以互联网为基础设施和实现工具的经济发展新形态。“文化 +”就是在相关事业和产业经济中注入文化元素，通过不同产业的结合，使我国经济在重加工的基础上增添人文附加价值，从要素驱动、投资驱动转向创新驱动，从而迸发出既具创意又具经济利益的火花。“文化 +”的力量使文化创意产业和与供给侧改革有了极大的契合点。供给侧结构性改革是提高供给质量，推进结构调整，扩大有效供给，提高供给结构对需求变化的适应性和灵活性，从而更好地满足广大人民群众的需要，促进经济社会持续健康发展。而文化创意产业是非刚性的、刚性的需求，是以供给创造需求，需要用创新性的产品去激发需求。草根性、原生态是文创产业最大的特点。在对文化创意产业方面促进供给侧结构性改革时，要注意提升文化创意产业的品质，找到文化的原创性、差异性和不可替代性。例如，被美国《时代周刊》评为全球最有文化标志性的 22 个城市艺术中心之一的“798 艺术区”，在不破坏原有建筑遗产的前提下，对旧工业厂房进行了重新设计、改造和利用，融汇了画廊、艺术家工作室、设计中心、酒吧、餐饮等服务性行业，从而形成了一种艺术与商业共存，时尚与传统共存、精神与物质共存的文化生产模式。因此，发展文化创意产业要充分发挥创新的力量，从而用创意带动文化消费。

# 主要参考文献


[1] 蔡尚伟，温洪泉．文化产业导论［M］．上海：复旦大学出版社，2006.

[2] 陈琳．从产业融合的角度探讨农业旅游的发展［J］．黑河学刊,2006（2）．

[3] 程红．会展经济：现代城市“新的经济增长点”［M］．北京：经济日报出版社，2009.

[4] 胡汉辉，邢华．产业融合理论以及对我国发展信息产业的启示［J］．中国工业经济，2003（2）．

[5] 胡金星．产业融合的内在机制研究：基于自组织理论的视角［D］．上海：复旦大学，2007.

[6] 黄玉姝．我国现代会展业的功能研究［D］．福州：福建师范大学，2011.

[7] 剧宇宏．我国会展业可持续发展研究［M］．北京：中国法制出版社，2014.

[8] 李美云．服务业的产业融合与发展［M］．北京：经济科学出版社，2007.

[9] 马健．产业融合识别的理论探讨［J］．社会科学辑刊，2005（3）．

[10] 聂子龙，李浩．产业融合中的企业战略思考［J］．软科学，2003（2）．

[11] 王丹．产业融合背景下企业并购研究［D］．上海：上海社会科学院，2008.

[12] 亚当·斯密．国富论［M］．郭大力，王亚南，译．北京：商务印书馆，2015.

[13] 于刃刚，等. 产业融合论 [M]. 北京：人民出版社，2006.

[14] 苑捷. 当代西方文化理论研究概述 [J]. 马克思主义与现实，2004 (1).

[15] 詹浩勇. 论信息产业融合的意义及对策 [D]. 成都：西南财经大学，2004.

[16] 周红梅,周宏伟. 论马克思交换理论的战略意义 [J]. 江苏商论,2009 (9).

[17] 周振华. 信息化及产业融合中的结构高度化分析 [J]. 东南学术,2004 (3).

[18] 周振华. 信息化进程中的产业融合研究 [J]. 经济学动态，2002 (6).

[19] 邹树梁. 会展经济与管理 [M]. 北京：中国经济出版社，2008.

# 后记

2009年9月，国务院常务会议通过并发布了《文化产业振兴规划》，这是继钢铁、汽车、纺织、装备制造、船舶、电子信息等规划之后的第十一大产业振兴规划，它的发布实施对我国文化创意产业的发展起到了巨大的推动作用。对于调整优化产业结构，积极应对金融危机，满足人民群众的精神文化需求，推动中国文化走出去，都具有十分重要的意义。党的十七大以来，党中央、国务院高度重视文化创意产业发展，采取了一系列政策措施，加快推动文化创意产业发展，文化创意产业呈现出健康向上、蓬勃发展的良好态势，文化创意与相关产业的融合，正在成为推动产业发展繁荣的重要引擎和经济发展新的增长点。

2015年9月，中共中央、国务院印发《关于构建开放型经济新体制的若干意见》，明确提出提升服务贸易战略地位。发展服务贸易是推动外贸转型升级的重要支撑，是培育经济发展新动能的重要抓手，是推进大众创业、万众创新的重要载体，是努力构建开放型经济新体制的重要内容。为贯彻落实《中华人民共和国国民经济和社会发展第十三个五年规划纲要》《国务院关于加快发展服务贸易的若干意见》精神和工作部署，大力推动服务贸易创新发展，商务部等13个部委联合印发了《服务贸易发展"十三五"规划》和《国务院关于进一步促进展览业改革发展的若干意见》，从国家层面，首次全面系统地提出展览业发展的战略目标和主要任务，并对进一步促进展览业改革发展做出全面部署。

会展业是现代服务业的重要组成部分，具有关联面广、综合度高、带动性强等特点。改革开放以来，我国会展业作为新兴产业实现了持续快速健康发展，产业规模和综合效益显著提升，在推动经济社会发展、促进国际交流合作等方面发挥了重要作用。会展业具有产业链长、投入产出比高、低碳等特征，是现代服务业发展的引擎，是现代服务业与现代制造业的最佳对接平台，是经济发展的增长点、产业结构调整的突破点、科技文化传播与国际经济合作的支撑点、城市功能提升的引爆点、构建现代市场体系和开放型经济体系的重要平台，在我国经济社会发展中的作用日益凸显。因此，研究文化创意与会展业融合发展，具有重要的战略意义和现实意义。

本书基于文化创意产业的视角，阐述了“文化创意 +”会展业融合发展的历史背景，文化创意产业和会展业的相关概念和理论基础，介绍了国内外文化创意与会展业的发展状况和我国会展业发展的历程，列举了我国会展业发展中的几个成功案例。通过对世界会展业发展进程的介绍，分析了世界主要国家发展模式及其优势，并将我国会展业与国外会展业和文化创意产业的发展现状做出了对比。通过分析“文化创意 +”视角下的会展业新业态的发展，高新技术进入会展业将为会展业带来的新发展，提出了文化创意产业与会展业融合的产业融合理论，指出了文化创意产业与会展业融合发展的必然性和发展原则，最终提出了“文化创意 +”会展业融合发展的探索性路径。

文化创意是一门综合性的边缘交叉学科，具有跨学科性质。它涉及经济学、文化学、美学、哲学、管理学、设计学、产业经济学、高新科技、网络文化等，是一门名副其实的新兴学科。作为两种新兴产业，文化创意与会展业的融合发展正在不断摸索中，两者之间的切合点、融合点仍处在磨合中，我国文化创意产业和会展业发展处在初级阶段，要达到两者之间的融合发展，尚需时间检验。唯其新，故不完善、不成熟；唯其新，才显示了蓬勃的生机和活力，拥有未来；唯其新，才留有学科发展、研究的广阔空间，正需要后来者努力赶上，创建学科发展建设的新局面。关于文化创意与会展业的融合发展的研究，本书也仅是对两者融合发展的粗浅认识，不当之处，敬请互相交流。

赵富森<br>2019 年 3 月